JN117147

朝日大学大学院グローバルロジスティクス研究会 ［監修］

トラック運送事業の現状と未来

土井義夫 ［編著］

成文堂

は し が き

　今私の手元に一枚の写真があります。

　朝日大学近くの小料理屋で撮られた写真には前列中央に故忍田和良先生が座り，忍田先生を囲むように９名が写っています。忍田先生の横には，西濃運輸株式会社様の現取締役社長小寺康久様が座り，さらに本書の執筆者である西濃運輸株式会社様の林貴紘様，一般社団法人岐阜県トラック協会様の臼井靖彦様，朝日大学大学院経営学研究科の土井義夫教授，小畠信史教授，荒深友良教授の顔も見えます。私も右隅に写っております。

　写真の日付は 2013 年 5 月 22 日と記されていて 9 年前になります。写真が撮られた小料理屋は閉店をしてしまいましたので，この場所で再び集まることは不可能となりましたが，この写真はまさに朝日大学大学院経営学研究科グローバルロジスティクス研究会の開始を宣言する場を写したものになっています。

　それから，毎月第 3 水曜日を原則として，大学院の院生研究室に集まり，研究会を開催してまいりました。さらに，年に二度ほど懇親会をもっていました。4 年間の研究成果が 2017 年 3 月に『地域物流市場の新課題』(朝日大学大学院グローバルロジスティクス研究会監修，忍田和良・土井義夫編著，成文堂) として刊行されました。

　今回の書籍は，その後の研究成果をとりまとめたものになります。2020 年 4 月からは新型コロナウイルスの感染拡大防止のため，対面での研究会は不可能となりました。まして懇親会も開催できませんでした。それでも，Zoom を使って遠隔でほぼ毎月研究会を開催することができました。その時期においても新しいメンバーが加わっていただいたりして，遠隔での研究会に戸惑われたかもしれません。しかし，遠隔であっても，対面で進めた前著に劣らず，内容が精緻なものになっています。読者にとって本書が物流に関する各種の課題を解決する一助となると信じております。

　本書は，朝日大学大学院経営学研究科のプロジェクト研究予算だけからではなく，経営学研究科からの資金援助，宮田研究奨励金からの出版援助もいただき，出版が実現したものです。宮田淳理事長，大友克之学長を始めとして，研究科の教員のご理解・ご協力をいただきました。感謝申し上げます。

　忍田先生からはプロジェクト開始当初から顧問としてご指導を仰ぎ，ご尽力いただきましたが，残念ながら2021年1月に逝去されました。先生のご冥福と今後のグローバルロジスティクス研究会がますます発展することをお祈りいたします。

　　　2022年9月

朝日大学大学院　経営学研究科長

板谷　雄二

目　　次

はしがき　　i

序　章 ……………………………………………………………………1

第1章　情報通信技術の進展と物流ネットワークの組織化……7

第1節　情報革命と物流イノベーション ………………………………7
第2節　情報通信技術と組織の情報処理・意思決定システム ……………9
　1　組織の情報処理・意思決定システムと合理性………………9
　2　オープン・システムとしての組織の情報処理・意思決定…………12
　3　環境の不確実性と組織の情報処理・意思決定システム…………13
第3節　情報通信技術の活用と物流ネットワークの組織化…………18
　1　ネットワーク組織…………………………………………19
　2　物流ネットワークの組織化………………………………22
第4節　今後の展望………………………………………………25

第2章　トラック運送事業者の減価償却計算と
　　　　その問題点の見える化………………………………33

第1節　研究の背景と目的…………………………………………33
第2節　減価償却計算………………………………………………34
　1　意　義……………………………………………………34
　2　償却方法…………………………………………………35
　3　目的と効果………………………………………………36
　4　企業会計上の減価償却計算……………………………36
　5　税務上の減価償却計算…………………………………37

第3節 トラック運送事業者の費用計算·································40

1 運送原価計算書の意義·································40

2 運送原価計算書の実例·································41

第4節 経営成績に及ぼす影響·································45

1 トラック運送事業者の減価償却·································45

2 減価償却費の計算例·································46

3 計算例の帰結·································48

第5節 事業規模拡大・資金繰りに及ぼす影響·································51

1 トラック運送事業者と自己金融効果·································51

2 事業規模拡大に及ぼす影響の設例·································53

3 資金繰りに及ぼす影響の設例·································55

4 設例の帰結·································56

第6節 考察と提言·································57

1 申告調整および税効果会計適用の適否·································57

2 トラックの法定耐用年数の適否·································59

3 標準的運賃告示制度と中小トラック運送事業者·································65

第3章 物流業界の現状と将来動向に対する荷主の認識·································70

第1節 トラック運送事業者の現状·································70

1 トラック運送事業の現状·································70

2 今後の予測·································71

第2節 研究の背景と目的·································71

第3節 製品の輸送方法と運転者に関する状況に対する荷主の認識·································72

1 物流業界の現状と将来動向に対する荷主の意向調査·································72

2 荷主側の製品の輸送方法·································75

3 運転者に関する状況·································76

第4節 今後の輸送対策に対する荷主の認識·································78

第5節 考察と今後の課題·································83

第4章　人材不足への対応からみたモード連携 ················ 89

第1節　研究の背景 ·· 89

第2節　トラック運送事業と他モードとの連携 ·············· 90

第3節　トラック運送事業者からみた国内フェリー・
　　　　RORO 船の活用策 ······································ 92

第4節　トラック運送事業者からみた鉄道貨物の活用策 ····· 99

　　1　荷主の取組事例 ·· 99

　　2　シーアンドレール ·· 100

　　3　特殊車両の通行許可制度 ································· 101

第5節　今後の課題 ··· 102

第5章　貨物自動車運送事業にかかる法制度と現状 ······· 105

第1節　貨物自動車運送事業にかかる法制度の変遷 ········· 105

第2節　貨物自動車運送事業の現況 ···························· 109

　　1　国内貨物量の変遷 ·· 109

　　2　貨物自動車運送事業者数と貨物自動車数の変遷 ······ 112

第3節　貨物自動車運送事業の課題 ···························· 114

　　1　貨物自動車運送事業者の規模 ························· 114

　　2　トラック運転者の労働条件 ···························· 114

　　3　貨物自動車運送事業における自動車事故発生状況 ···· 116

　　4　トラック運送事業者と荷主との関係 ················· 117

　　5　貨物自動車運送事業法等関係法令の遵守等 ·········· 119

第4節　国土交通省の取り組み ································· 119

　　1　参入規制の適正化，事業者が遵守すべき事項の明確化 ···· 120

　　2　標準的な運賃の告示制度の導入 ······················ 121

　　3　荷主対策の深度化 ·· 122

　　4　事後チェック体制の強化 ································· 124

第6章　岐阜県トラック協会の取り組み 136

第1節　適正化事業実施機関の発足 136
第2節　適正化事業関連の取り組み 139
 1　岐阜県適正化事業実施機関の現状 139
 2　岐阜県実施機関における指導のあり方 140
 3　フォローアップ講習会 141
 4　事前・自己チェック表（平成25年度）と
  事業者（所）概要書の誕生（平成27年度） 142
 5　誌上セミナーの開催（平成28年度） 143
 6　トラドックの誕生（平成30年度） 145
 7　初任運転者指導（平成29年度） 147
 8　法令遵守の必要性と限界 148
 9　実証実験としての指導員点呼（平成30年度） 149
 10　好事例の収集と事例集の発刊（平成28年度） 154
 11　各支部への出張相談（平成27年度） 156
 12　過去のしがらみにとらわれない発想の転換 157
第3節　交通事故防止関連の取り組み 159
 1　優良ドライバー認定制度 159
第4節　労働環境対策関連の取り組み 162
 1　取引環境・労働時間改善地方協議会 162
 2　信頼関係のある青年部会メンバーへの訴求 164
 3　労働時間の減少に向けて（次年度以降の協議会の行方） 165

第7章　物流DXによる物流業界の未来 169

第1節　DXとは（定義） 169
第2節　物流業界の課題 171
 1　小口発送の増加に伴う業務の非効率化 171

　　2　労働力不足の深刻化………………………………………………172

　　3　低賃金，長時間労働によるドライバーへの負担増…………………174

　　4　新型コロナウィルス感染症の拡大………………………………176

　第3節　物流業界のDX化の取り組み内容…………………………………176

　第4節　SEINOのDX化の取り組み…………………………………………179

　第5節　今後の物流DX………………………………………………………183

第8章　貨物自動車運送業界における近未来の在り方について
──岐阜県トラック協会の歩みを止めないために──……187

　第1節　鈴木賞後の岐阜県トラック協会と新型コロナウイルス…………187

　　1　岐阜県トラック協会が鈴木賞を受賞……………………………187

　　2　鈴木賞とは………………………………………………………………188

　　3　鈴木賞受賞のカギは「トラドック」……………………………………189

　　4　新型コロナウイルスのまん延とトラドック……………………………189

　第2節　コロナ禍における適正化事業………………………………………191

　　1　密を回避したいがための点呼方法の見直し………………………191

　　2　コロナ禍における有るべき点呼についての提言……………………192

　　3　方向性の正しさを再確認………………………………………………192

　　4　新たな視点で見えてくるものとは……………………………………193

　第3節　運行管理業務こそITの活用を……………………………………194

　　1　遅れている管理部門でのIT化………………………………………194

　　2　トラックによる運行の現状とこれからの運行管理の在り方………195

　　3　運行管理者の業務……………………………………………………195

　　4　運行管理者の負担の軽減とベネフィットポイント……………………197

　　5　交通事故の現状………………………………………………………198

　　6　作業事故の現状………………………………………………………201

　　7　荷主と陸運事業者との連携・協力促進協議会の発足………………203

　　8　安全の証である「Gマーク認定」……………………………………204

　9　ISO との関連‥‥‥‥‥‥‥‥‥‥‥‥‥‥‥‥‥‥‥‥‥‥‥205

　10　事故防止は精神論では進まない‥‥‥‥‥‥‥‥‥‥‥‥‥206

　11　優良事業者における事故の現状‥‥‥‥‥‥‥‥‥‥‥‥‥206

第4節　物流を取り巻く DX‥‥‥‥‥‥‥‥‥‥‥‥‥‥‥‥‥‥208

　1　総合物流施策大綱や政府の規制改革推進会議議長・
　　　座長会合でも言及‥‥‥‥‥‥‥‥‥‥‥‥‥‥‥‥‥‥208

　2　運送業界における DX の活用例‥‥‥‥‥‥‥‥‥‥‥‥‥209

　3　倉庫業界における DX 化‥‥‥‥‥‥‥‥‥‥‥‥‥‥‥‥210

　4　待機時間に対する対価が認められる‥‥‥‥‥‥‥‥‥‥‥211

　5　DX 化の先に有るもの‥‥‥‥‥‥‥‥‥‥‥‥‥‥‥‥‥212

　6　アナログからの脱皮‥‥‥‥‥‥‥‥‥‥‥‥‥‥‥‥‥‥213

　7　IT などがない時代の主張‥‥‥‥‥‥‥‥‥‥‥‥‥‥‥213

　8　実社会における避けては通れない IT 化‥‥‥‥‥‥‥‥‥214

　9　運送業における IT 化を遠ざける理由とは‥‥‥‥‥‥‥‥215

第5節　この先の日本社会，運送業界‥‥‥‥‥‥‥‥‥‥‥‥‥216

　1　運送業界における働き手不足‥‥‥‥‥‥‥‥‥‥‥‥‥‥216

　2　この状況を放っておいて良いのか‥‥‥‥‥‥‥‥‥‥‥‥217

　3　ヒト・モノ・カネに次ぐ「情報」と「時間」‥‥‥‥‥‥‥217

　4　これらを結び解けるネットワークの構築‥‥‥‥‥‥‥‥‥218

　5　明るい未来のために，皆で取り組むこと‥‥‥‥‥‥‥‥‥218

むすび‥‥‥‥‥‥‥‥‥‥‥‥‥‥‥‥‥‥‥‥‥‥‥‥‥‥‥‥221

事項索引‥‥‥‥‥‥‥‥‥‥‥‥‥‥‥‥‥‥‥‥‥‥‥‥‥‥‥229

序　章

　本著は，2013 年 9 月に発刊された「地域物流市場の動向と展望」，2017 年
3 月に発刊された「地域物流市場の新課題」に続く著作である。本著では，
トラック運送事業の現状と未来と題し，物流業界のなかでも大勢を占めるト
ラック運送業に焦点をあて，今後のトラック運送事業がどのように行動して
いけばよいかの基礎となる分析と検討を行っている。

　本著の特徴は，トラック運送事業を時間軸で捉え，現状，運送事業者がお
かれている現状と今後のあるべき姿を未来でとらえている点である。この理
由は以下のとおりである。トラック運送事業は，個別の事業者のたゆまぬ企
業努力と経済的・社会的規制があるなかで事業活動が行われてきた。こうし
たトラック運送事業は，国民の暮らしや産業活動を支えるライフラインとし
て，経済活動や国民生活に不可欠な存在である。他方，取り巻く環境はドラ
イバー不足，長時間労働，安全対策や環境対策等の社会的規制の強化などの
課題を抱えている。

　こうした厳しい状況下において，時間軸には，課題の緊急度が高いもの，
取り組む時期が間近に迫るもの，長期的に粘り強く取り組むものなどが混在
している。各テーマを時間軸で捉え直すことで，多くの知見が得られること
が期待できる。従来，長年にわたり課題とされているテーマもあれば，情報
技術など新しい技術の活用によって期待されるテーマもある。

　トラックドライバーの労働時間や作業内容等の労働条件改善は物流業界の

問題ではあるが，取引先である「荷主の理解・協力」がなければ解決できず，荷主を巻き込んだ各業界に渡る問題として位置づけられている。トラックドライバーの長時間労働の要因として，荷主庭先での荷待ち時間・契約内容にない荷役作業の要求等が指摘されている。荷待ち時間の削減や荷役作業の効率化は，荷主側に作業負担がかかるといった懸念から取り組みが充分なされているとは言えず，具体的な方策に繋がりにくい状況にある。また，「荷主の認識に起因する物流業界における人手不足」に関しては，急速に社会問題化したため充分な検討がなされていない。

　朝日大学大学院グローバルロジスティクス研究会では，地域の物流市場発展のため，物流事業者自身が主導すべき方策，荷主動向への対応策，行政組織等への要請等を継続的に検討している。物流事業者の取り組みを進めるためには荷主企業が物流業界の課題をどのように受けとめているかを把握することから着手し，今後の在り方を検討する必要がある。

　本著では，トラック運送の現状と将来について理論的な側面と実務的な側面の両面から検討を行なう。理論的な側面は，第1章から第4章に該当し，実務的な側面は第5章から第8章の構成となっている。

　まず第1章では，情報通信技術の進展と物流ネットワークの組織化である。情報通信技術の発達によってもたらされる情報革命は，経済社会における物流活動においても大きな変化を生み出すことになる。それは，物流DX（デジタルトランスフォーメーション）という形で，物流プロセスや物流業務の革新につながる。今日の物流課題の解決のためには，そうした情報革命を推進する技術やテクノロジーを積極的に取り入れて利用することが必要である。また同時に，そうした技術を活用するための物流ネットワークの組織化を図り，組成された協働のためのネットワーク組織を持続的に運用することが不可欠になる。すなわち，物流を取り巻く諸問題に対して，情報通信に関わる技術システムと，ネットワーク組織という社会システムのそれぞれの本質を見極め，それらを物流活動に適合的に導入することが課題解決の鍵になると考え

られる。

　次に第2章では，トラック運送事業者の減価償却計算とその問題点の見える化である。トラック運送事業者にとって，トラックの減価償却費は，財務会計上も，また管理会計上も，中核を成す費用である。本節は，この減価償却費が，トラック運送事業者の経営に及ぼす影響を，実践的な設例により見える化し，この問題の解決策を検討するものである。トラック運送事業については，1990年（平成2年）に物流2法と称される「貨物自動車運送事業法」ならびに「貨物運送取扱事業法」が施行された。これにより参入障壁が低くなったため，事業者数の急増による運賃水準の軟化，ドライバー不足を主因とした人件費の上昇，燃料価格の激変，安全・環境・コンプライアンス経営にかかわるコスト増などの劣悪な状況下にあっても，2007年（平成19年）まで，事業者数の大勢を占める，原則として一荷主の貨物をトラックに積載して発地から着地への単純な輸送を行い，トラックターミナルを基点とするネットワークを必要としない一般貨物自動車運送事業者の新規参入が増加の一途をたどった。そして，その後も，撤退事業者数の増加により総事業者数がゆるやかな減少傾向にあるとはいえ，毎年1,000社前後の新規事業者が参入し続けている。この業界にあっては，伝統的に，起業に関しては，ローン・リース等を利用すれば少額資金での新規参入が可能である，また，事業の継続に関しては，運賃・燃料価格等の変動は人件費で調整するとの見解が有力である。物流2法施行以降のトラック運送事業者数の推移の背後には，このような業界特有の事情とともに，減価償却という特殊な会計手続きが存しているよう思われてならない。以上をふまえ，減価償却計算にかかわる会計学上の論点をトラック運送事業者の見地に立って整理，再考し，運送原価計算書を概説する。

　次に第3章では，人手不足からみた物流業界の現状と将来動向に対する荷主の認識である。物流事業者の取り組みを進めるためには荷主企業が物流業界の課題をどのように受けとめているかを把握することから着手し，今後の在り方を検討する必要性がある。そこでは物流業界の人手不足を解消するた

めには，どのような荷主に理解協力が進むと改善できる項目があるかを明ら
かにする。このために，物流業界の現状と将来動向に対して荷主がどのよう
な認識を持っているのかを人手不足感と改善施策の認知の点から検討する。
トラック運送事業者の現状と予測を考察し，荷主から見た製品の輸送方法と
運転者など物流事業に対する荷主の認識（人手不足感，改善施策の認知）を考察
し，今後の輸送対策を提示する。

　次に第4章では，人材不足への対応からみたモード連携による物流生産性
である。物流企業各社では，ドライバーにおける休憩時間を含めた日々の継
続した管理は不可欠である。この他モード連携には鉄道貨物の活用策も含ま
れる。本章では，今後の国内での他モードを用いたトラック運送事業者によ
る活用策を明らかにする。具体的には特殊車両の通行許可制度における課題
対応のためのフェリー・RORO 船，鉄道貨物の活用促進を検討する。以上を
ふまえ，トラック運送事業と他モード連携の現状を考察し，トラック運送事
業者からみた国内フェリー・RORO 船の活用策を概説する。そして，トラッ
ク運送事業者からみた鉄道貨物の活用策を考察し，今後の課題を提示する。

　次に第5章では，貨物自動車運送事業にかかる法制度と現状である。我が
国の貨物自動車運送事業にかかる法制度等はその時々の社会情勢等を反映し
て制定・改正が重ねられており，最近では，働き方改革や運転手不足等を踏
まえ，円滑な貨物流通の維持等を目的として平成30年に貨物自動車運送事業
法の改正がなされた。本章では，第1節で我が国の貨物自動車運送の法制度
の変遷を簡単に振り返り，第2節で貨物自動車運送の現状，第3節で貨物自
動車運送事業の抱える課題を確認し，第4節において平成30年の法改正を受
けた国土交通省の取り組みなどを説明する。

　次に第6章では，岐阜県トラック協会の取り組みである。トラック運送事
業の運営を適正かつ合理的なものにするとともに，民間団体等による自主的
な活動を促進することにより事業の健全な発展を図ることを目的に，平成2
年12月，「貨物自動車運送事業法」が施行された。この事業法に基づき貨物
自動車運送適正化事業実施機関が創設され，以来，トラック運送事業の健全

な発展を図るため，適正化事業を推進してきた。この間，岐阜県の適正化事業実施機関では，目的は巡回ではなく内容と考え，この方針のもと巡回指導と真の事業者指導の在り方を模索し，平成25年度よりそれを形にし，見える化してきた。本章では，適正化事業実施機関の発足，適正化事業関連の取り組み，交通事故防止関連の取り組み，労働環境対策関連の取り組みなどを説明する。

　次に第7章では，物流DXによる物流業界の未来である。荷主への柔軟な対応を行うためには，IT化による標準化よりもアナログ対応の方が都合の良い面も多く，DX推進になかなか踏み切れないという企業も少なくない。更に日本では現場主義の風潮が強いため，「マネジメント主導で，まずやってみる」という身軽な対応が取りにくい企業が多いこともDX推進が遅れている原因の一つである。まずは将来的にどのような姿を目指しているのかを明確にして，荷主の理解を取り付け，大きく環境を変化させられる状況を作り出すことが物流業界におけるDX推進の第一歩と言えるだろう。本章では，DX（デジタルトランスフォーメーション）とは（定義），物流業界の課題を示す。その後，物流業界のDX化の取組み，SEINOのDX化の取組みを概観し，今後の物流DXを論じる。

　次に第8章では，貨物自動車運送業界における近未来の在り方についてである。トラック運送業界は，法令遵守のため様々に対応している。しかしながら，中小企業が大多数である，勤務時間が一定でない，等の理由から徹底できないことも多々ある。加えてのコロナ禍における実態は，従来からの手法も見直さざるを得ず，大きな転換期に至った。岐阜県トラック協会では，これに先んじて，特に適正化事業において新たなアイディアを駆使し取り組んできたが，これからは更にDXへの対応が不可欠となってくる。本章では，岐阜県トラック協会における適正化事業の取り組みから見る，今後の方策を検討するため，コロナ禍における現状とそこから見えてきたものを捉え，今後必要とされるIT化，DX化について具体的にみてゆく。しかしながら，最終的には人間が行う運行管理等への課題も多く，今後に向けた方向性を説明

する。

　朝日大学大学院グローバルロジスティクス研究会が2019年に実施したアンケート調査では，荷主は輸送業務の委託に関する今後の方針については，現状維持が一番多く，委託比率を上げるまたは自社比率を上げるとする荷主はわずかであった。しかし，荷主は協力するトラック運送事業者の対応能力を見極めつつ，ニーズに対応できないと判断した場合には，自社での輸送に戻すことも考えられる。トラック運送事業者としては，物流業界の将来動向を見据えて，発荷主の意向に引き続き耳を傾けながら，着荷主からの協力・協力を得ることのできる三者間の新たな関係性を構築していく必要がある。本著での検討がトラック運送事業の現状と未来に寄与することを願うものである。

朝日大学大学院経営学研究科　教授

土井　義夫

第1章

情報通信技術の進展と物流ネットワークの組織化

第1節　情報革命と物流イノベーション

　近年，インターネットの発達により，社会が大きく変わりつつある。産業革命の次の段階として，いわゆる「情報革命」の時代を迎えている。情報通信技術（Information and Communication Technology：ICT）の発展は，①コンピューターの誕生，②汎用機から小型機への転換，③パソコン革命，④ネットワーク革命の段階を経てきた[1]。そして，今日の情報革命の進展は，IoT（Internet of Things），ビッグデータ（Big Data）あるいは AI（Artificial Intelligence）などによる「デジタル革命（Digital Revolution）」の段階に至っている[2]。

　では，今日の情報革命の本質は何か。それは，私たちの社会におけるさまざまなものを「つなげる」あるいは「むすびつける」ことであり，さらに，膨大なデジタルデータの処理を通じて将来予測が可能になり，生産や消費あるいは物流などのさまざまな活動に関わる決定や行動（動き）を「標準化」して「自動化」することだと考えられる。

　情報革命は，私たちの情報へのアクセス，コミュニケーションのあり方，そして意思決定過程とそれにもとづく活動に変化をもたらしている。今日，私たちは，世界中のさまざまな情報に一瞬にしてアクセスでき得るツールを手に入れている。また，インターネットを通じたコミュニケーション手段も多様化している。IoT，ビッグデータあるいは AI といった技術や領域は，今

後さらに加速度的な進歩が起きる状況にある。これまで一部の人しか手に入らなかった情報を多くの人が手に入れ，また，それらの情報にもとづいて新しい知識が生成，蓄積，そして学習され，そして人々の意思決定や行動に変化をもたらすことになる。

　こうした情報革命の進展は，私たちの協働によって形づくられ，人々をむすびつける手段である「組織」というものにも影響を及ぼすことになる。組織の構造や過程という点では，分業構造，階層構造，権限配分あるいは部門編成，さらに情報処理・意思決定過程，コミュニケーション過程あるいは統合過程のあり方に変化をもたらす。たとえば，インターネット上の仮想空間の中で，協働が成り立ち，組織が形づくられ，そして，垂直的な階層関係というよりも水平的な横断関係を通じて，人々や企業の間に情報が共有され，意思決定は分散的・分権的となる。そして，課題や問題の発生状況に応じてプロジェクトが編成され，組織活動が進展していくことになる。

　情報通信技術の進化は，情報処理・意思決定の効率性やコストという点で，階層型（垂直的）ストラクチャーと横断型（水平的）ネットワークの間の差を縮小させている。すなわち，従来，横断型（水平的）ネットワークは，多元的なコミュニケーション経路が必要になるため，階層型（垂直的）ストラクチャーよりも非効率だとされてきた。しかし，情報通信技術の発達によって，大量かつ迅速な情報処理・意思決定が可能になれば，そうしたデメリットが解消されることになる。

　本章では，こうした観点から，情報通信技術の進展と物流ネットワークの組織化や物流ビジネスの進化のあり方について，現状の物流を取り巻くさまざまな課題や問題を解決するための昨今の動向も含めて，今後の変化の方向性を展望する。物流 DX（デジタルトランスフォーメーション）[3]として現れつつある物流のイノベーションは，物流に関わるさまざまな企業や人やモノの動きをつなげ，むすびつけ，そして物流標準化[4]による自動化を促進することによって，物流産業のビジネスモデルに革新をもたらし得ると考えられる。

第2節　情報通信技術と組織の情報処理・意思決定システム

　情報革命が，IoT，ビッグデータあるいは AI といった情報通信技術の進化によってデジタル革命の域に達すると，組織と組織間の情報処理および意思決定とそのネットワークのあり方を大きく変えることになる。こうした変化は，物流 DX として，産業社会における物流活動やサプライチェーンにおいてもイノベーションをもたらすことになるであろう。そこでは，荷主や物流企業を含むさまざまな物流に関わる組織や組織間の諸活動が，情報処理・意思決定のネットワークによってつながり，リアルなモノの流れがサイバースペース上でシームレスにむすびつけられることになる。そして，社会・経済システム全体にわたる物流活動の組織化あるいはネットワーク化が進み，さらに物流プロセスの標準化や自動化が促されることによって，物流活動の効率化・弾力化・強靱化が実現され，持続可能な物流ネットワークが創造されることになる。

　以下では，今後の情報通信技術の進展によって可能になる物流 DX が，物流産業におけるさまざまな社会的課題を解決するために，物流ネットワークにどのような変革や革新を生み出し得るのか，組織の情報処理・意思決定およびネットワーク組織に関わる理論的観点から考察する。

1　組織の情報処理・意思決定システムと合理性

　企業，学校，病院，行政あるいは NPO などの組織の経営における情報処理・意思決定には，「合理性」が求められる。合理性は，目的・手段の適合性の程度と定義され，一定の目的に到達するための手段の選択に関わる[5]。こうした合理性は，手段的基準と経済的基準によって評価される[6]。この場合，一定の目的を達成することができる場合には，合理性の観点から手段的基準に適うものとして見なされ，さらに効率的に当該目的に到達することができるならば，経済的基準を満たしていると考えられる。すなわち，手段的基準

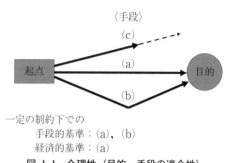

図 1-1　合理性（目的・手段の適合性）

は，目的の達成において「特定の行為が望ましい成果を生み出すか」ということであり，また，経済的基準は，「成果が必要最小限度の資源の消費で得られるか」ということに関わるのである。公的部門に属する組織のように経済的基準を充足していなくとも手段的基準を満たすことによって存続するものもある。しかし，企業をはじめ多くの組織は，合理性の観点から手段的基準，さらに一定の状況下では，経済的基準をも含めて，その両方を満たす場合にはじめて存続できるのである。

　たとえば，**図 1-1** に示されるように，起点から目的に至る手段として，(a)，(b) および (c) という3つの代替案があげられる場合，望ましい結果をもたらす代替案 (a) を選択することが合理的な意思決定となる。すなわち，他の代替案 (c) は，そもそも目的の達成に至らず，手段的基準を満たさない。また，代替案 (b) は，目的に到達することはできるが，その過程は最短ではないため，その分資源や時間がかかり，経済的基準を満たさないのである。したがって，目的に至る最短経路となる代替案 (a) が，手段的基準および経済的基準の両方の合理性の基準を満たし，それゆえに最も合理的な選択肢となる。

　さまざまな組織の経営活動において，限られた資源と時間の制約の中で，ものごとを効果的・効率的に遂行することが，その「マネジメント」として必要になる。資源や時間は貴重であり，無駄なく活用して，成果を実現しな

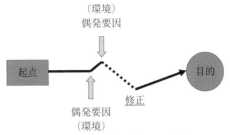

図 1-2　合理性と環境による制約

ければならない。したがって，目的を達成するための代替案の選択において，合理的な意思決定が求められることになる。

　人間の情報処理・意思決定は，①代替的選択肢の探索，②代替的選択肢の評価，③選好序列の適用，④代替的選択肢の選択の一連の過程を経て行われるが，完全な合理性を前提とする場合には，①代替的選択肢の全集合は所与，②代替的選択肢の選択結果は既知，③選好序列は明確，④合理性に基づいた選択が仮定される[7]。しかし，現実の人間の情報処理・意思決定は，その能力に限界があるため，①すべての代替的選択肢を探索することはできない，②選択につづいて起こる諸結果についての知識はつねに部分的なものである，③諸結果の価値は不完全にしか予測できない，がゆえに，完全な合理性にもとづいて意思決定をすることはできない[8]。したがって，人間はできるかぎり合理的に意思決定しようとするが，それは意図において合理的であるに過ぎず，その意味では，合理性には限界がある[9]。

　このように人間の情報処理・意思決定過程には合理性の限界があるため，実際の組織の活動においても，合理性の実現は常に不安定なものとなる。すなわち，組織を取り巻く環境やその状況の変化によって，合理的に計画された当初の手段や過程はただちに見直しを迫られることになる。たとえば，先の**図 1-1** において，代替案（a）を選択したとしても，当初の予定通りのコースをたどって目的に到達できるかといえば必ずしもそうではない。**図 1-2** に示されるように，環境からの偶発要因の影響次第で，計画されたコースから

大きくはずれる可能性もある。したがって，完全に合理的な意思決定をなすことは不可能であり，そのために，軌道修正のための情報処理・意思決定が必要になる。現実は，そうした情報処理・意思決定過程を環境からの影響に対して適応的に繰り返すことによって，できる限り効果的・効率的に目的に到達することが可能になるのである。それは，環境状況や環境変化の複雑性が，組織の情報処理や意思決定の複雑性に反映されることを意味する。

2　オープン・システムとしての組織の情報処理・意思決定

　組織の活動は真空の中で行われているのではなく，また組織は完全に自己充足的な存在でもない。すなわち，それは，資源やエネルギーの交換を行う環境との相互依存関係の中にある。そのため，組織を取り巻く環境からの影響を常に受けることになる。したがって，組織は，その環境に適合し，適応することによってのみ存続することができるのである。このことは，組織が社会的に有用な活動を行うものでなければ，やがてその環境によって淘汰されてしまうことを意味する。たとえば，企業組織では，環境からインプットであるヒト・モノ・カネ・情報といった資源を調達し，そして，社会のニーズを満たす価値としての製品やサービスというアウトプットに変換して，それらを環境に供給し続けることが必要になるのである。

　このように環境との相互影響関係において，その活動を展開する組織は，環境に対して開かれた「オープン・システム」として経営されなければならない。オープン・システムとは，環境と資源の交換をつづけ，構成要素の絶えざる新陳代謝を行いながら安定状態を維持していくシステムである[10]。環境は，システムの外部にあってその属性の変化がシステムに影響を与え，その属性がシステムによって影響を受けるような事物のすべての集合である[11]。したがって，オープン・システムとしての組織は，その環境のニーズに適応することによって存続・発展することができる。

　環境の多様性，偶発性あるいは変動性は，組織の活動に不確実性をもたらす。組織は環境によってもたらされる不確実性に応じて，その内部機構とし

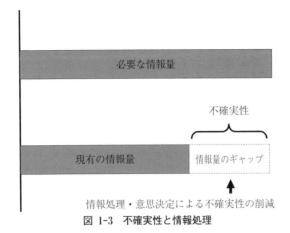

図 1-3　**不確実性と情報処理**

て，より複雑な情報処理・意思決定メカニズムを構築することによって環境適応を図る[12]。また，組織の環境への適応は，環境要素に対する依存性に対処するための組織間関係の創出に関わるとされる[13]。

　環境は，不確実性の源泉である。なぜなら，すべての環境からの影響をあらかじめ予測することは不可能であり，またそれらの影響要因を完全に操作することは現実的ではないからである。不確実性とは，「職務を完遂するために必要とされる情報量と，すでに組織によって獲得されている情報量とのギャップ」と定義される[14]。したがって，不確実性は，個人や組織あるいはその部門が具体的な行動や活動を遂行する場面で発生するものであり，不確実性を処理するためには，**図 1-3** に示されるように，必要な情報量を削減するか，あるいは情報処理活動を通じて，現有の情報量を増大させなければならない。

3　環境の不確実性と組織の情報処理・意思決定システム

　組織は，環境に適応するために，どのような情報処理・意思決定メカニズムによって状況の不確実性を削減するのであろうか。Galbraith（1977）によれば，組織の情報システム（Vertical Information System）は，次の 4 つの観点

により特徴づけられる[15]。

　1．意思決定のタイミング（頻度）

　2．データベースの範囲

　3．情報の標準化の程度

　4．意思決定メカニズムの能力

　まず，組織の情報システムは，意思決定のタイミングあるいは頻度の観点から，職務の不確実性に応じて，「定期的な情報収集および意思決定」と「連続的な情報収集および意思決定」という 2 つのパターンに分けられる。目標や計画は，設定後すぐにその有効性を失い始める。たとえば，工場の生産計画やスケジュールは，機械の故障，労働者の欠勤，製品設計の変更，欠陥の発生，注文のキャンセルのような当初の計画にはなかった事態の発生によって，その有効性を失う。このような事態は，より上位の階層で意思決定がなされなければならない例外事項である。業務の不確実性が増大するにつれて，計画を再度設定するための時間的間隔は短くなる。その時間的間隔が短くなればなるほど，例外事項は少なくなるが，より多くの情報処理と意思決定が必要となり，そのために必要となる負担やコストが増大することになる。

　また，組織の情報システムは，利用するデータベースの範囲によって，意思決定メカニズムが，その最も近いロケーションに属する情報にのみアクセスできる「ローカル型」と，すべての資源グループの現状に関する情報にアクセスできる「グローバル型」に大別できる。意思決定メカニズムが利用できるデータベースの範囲は，組織のある部分の活動を他の部分で生じている活動と調整するための能力に影響する。部分的・局所的な意思決定の集合は，組織全体の最適な意思決定を保証しない。下位単位間の相互依存性の増大は，グローバルなデータベースの必要性を高める。データベースの範囲の拡大は，コストの増大を招く。しかし，ビッグデータや AI を含めたコンピューターの発達は，それらのコストを急激に低下させ，そして情報処理・意思決定上の制約要因を取り除く。すなわち，新しい情報ツールによって，情報のデジタル化がより一層進展し，組織全体にわたるデータベースの構築

が容易になり，それらのデータベースを有効に活用することができるようになる。

　さらに，情報システムは，情報収集および伝達（報告）プロセスの「標準化」の程度によっても特徴づけられる。標準化によって，組織メンバーは組織の直面する出来事について広範に伝達可能な情報を創り出す。最も明確な例は，組織の会計システムである。情報が標準化されることによって，スムーズな情報伝達が可能になり，それによって情報が円滑に流れ，伝達能力が拡張され，効率的により多くの情報を伝達できるようになる。不確実な状況下において，組織が専門化された部門や単位を横断して多様なアウトプットを調整するためには，関係するすべての要因を認識し，そして，それらの変化を記録する効率的な手段を獲得しなければならない。こうしたモニタリングのために，情報の標準化が必要とされる。しかし，必ずしもすべての情報が標準化に向いているわけではない。すでに知られている要因が，知られていない結果を予測する場合のような不確実性のタイプは，標準化によって効率的に取り扱われる。他方，影響を及ぼす変数自体が明確でなく，なおかつそれらの変数がどのように関連するのかについて知られていないような場合は，標準化には向いていない。

　そして，意思決定メカニズムの能力は，情報を処理し，代替案を選択するための能力である。より多くの情報をより頻繁に，より効率的に伝達し，利用することは，それらの情報を処理するための意思決定メカニズムの能力に依存する。情報処理量が意思決定能力を超える場合には，状況は改善されず，それは単に意思決定メカニズムに過剰な負担をかけるだけになる。組織において経営者や管理者は意思決定者である。意思決定能力を向上させるための方法は，より良い意思決定を行う経営者や管理者を任命することである。さらに，意思決定を改善するための2つの主要な方法がある。**図 1-4** に示されるように，1つは意思決定メカニズムとして「グループ」を利用することであり，もう一つは「コンピューター」を利用することである[16]。コンピューターは，これまで反復的な定型的意思決定のために利用されてきた。それは

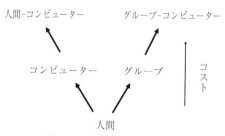

図 1-4 意思決定メカニズム
出所）Galbraith, 1977, p.101（筆者一部加筆）.

図 1-5 情報システムの分類
出所）Galbraith, 1977, p.101（筆者一部加筆）.

非定型的意思決定への利用には限界があった。しかし，将来，AI，すなわち人工知能の発達がそうしたコンピューターによる意思決定の限界を克服する可能性があり得る。

　Galbraith（1977）は，以上の4つの観点，特に意思決定のタイミング（頻度）とデータベースの範囲の点から組織の情報システムを**図1-5**のように分類する[17]。

　図1-5の横軸の意思決定のタイミング（頻度）は，不確実性が増大するにつれて，定期的な意思決定から連続的な意思決定への移行が必要になることを意味する。また，縦軸のデータベースの範囲は，組織内部門（単位）間の業務上の相互依存性が増大することによって，ローカルなデータベースでは環境状況に対処できなくなることを意味し，したがって，情報システムは部門を

横断するグローバルなデータベースを必要とすることを示している。

　こうした組織の情報システムは，意思決定のタイミング（頻度）とデータベースの範囲の特徴によって，4 つのシステムに分類できる。すなわち，**図1-5** に示されるように，ローカル・ピリオディック（Local-Periodic）情報システム，ローカル・リアルタイム（Local-Real-Time）情報システム，グローバル・ピリオディック（Global-Periodic）情報システムおよびオンライン・リアルタイム（On-Line-Real-Time）情報システムである。

　ローカル・ピリオディック（Local-Periodic）情報システムでは，情報処理・意思決定は一定時間をおいて定期的に行えばよく，また，ローカルな情報にのみ基づいて意思決定がなされるため諸活動の相互依存性は考慮されない。こうした情報システムは，単純で安上がりである。しかし，あらかじめ状況の変化が予測できない不確実な環境には不適合となる。

　他方，ローカル・リアルタイム（Local-Real-Time）情報システムでは，ローカル・レベルで連続的・継続的に情報が収集され，そして，必要な時にはいつでも意思決定がなされる。このシステムの利点は維持費が安上がりなことであり，また，それによって得られる最新の情報は，不確実な環境への反応を可能にする。しかし，ローカル・リアルタイム（Local-Real-Time）情報システムは，ローカル・データベースに基づいて決定がなされるため，組織全体にわたる諸活動の調整は困難である。したがって，調整の必要性をなくすために，スラック資源の配分や自律的単位の編成といった方策が導入される[18]。

　グローバル・ピリオディック（Global-Periodic）情報システムは，大量のデータを処理するために，情報チャネルと意思決定メカニズムの能力を拡大する。こうした情報処理システムは，標準化された情報収集とコンピューターに支援される意思決定によって特徴づけられる。グローバル・ピリオディック（Global-Periodic）情報システムでは，組織内の相互依存する部門（単位）間の調整問題の解決が図られる。それに加えて，コンピューターの計算能力が利用される。その結果，計画は組織全体の観点から最適なものとなる。その一方で，意思決定が定期的にしかなされないため，計画が陳腐化し，実際の

状況との乖離がしだいに大きくなる。

　オンライン・リアルタイム（On-Line-Real-Time）情報システムは，標準化された グローバル・データの連続的なフローによって，変化し続ける状況に関する情報を常時収集し，そうした情報を各部門間あるいは各職務間において組織横断的に利用可能にするものである。それは，理論的には完全な情報システムである。オンライン・リアルタイム（On-Line-Real-Time）情報システムによって，最新の情報にもとづいて絶えず計画が更新され，組織全体の業務の迅速な調整が促進されることになる。

　組織の情報処理・意思決定システムは，このような情報システムの中から，その活動の合理的な遂行のために，状況に応じて適切なものが選択され，導入コストを勘案した上で採用されることになるであろう。状況の因果関係において，原因となる要因が多く，また広範囲にわたり，さらにそうした要因の変化が大きく，予測できない状況では，組織活動を遂行するための不確実性が非常に高くなる。そのような状況に最適な情報処理・意思決定システムは，オンライン・リアルタイム（On-Line-Real-Time）情報システムである。大量かつ多様で，変動的なさまざまな環境要因を考慮しなければならない困難な状況では，最もコストのかかる割高な情報システムが，組織の情報処理と意思決定のために必要とされる。

　今後の情報通信技術の飛躍的な進歩は，オンライン・リアルタイム（On-Line-Real-Time）情報システムの構築を容易にし，その運用コストを低減させ，これまで以上に大量かつ即時の情報処理・意思決定を可能すると考えられる。その結果，不確実性の高い状況において要求される非定型的な情報処理の標準化が進み，そして，AI を搭載したコンピューターによって，これまで人間によって行われてきた意思決定のかなりの部分が自動化され得る[19]。

第 3 節　情報通信技術の活用と物流ネットワークの組織化

　情報通信技術の発達は，ネットワーク組織の創造を容易にする。さまざま

な人やモノあるいは組織が，情報通信ネットワークを通じてつながり，むす
びつくことによって社会横断的に新たな組織化が促進されるのである。それ
は，既存の組織や事業体の枠を超える組織間ネットワークを含むものとなる。

　以下では，経済社会におけるネットワーク組織の概念について分析した上
で，組織論的観点から，情報革命によってもたらされ得る物流のイノベー
ションとその効果について展望する。今日さまざまな物流問題が生じる中
で，サプライチェーンの耐久性，持続性，円滑性あるいは効率性を向上させ
るために，荷主，物流事業者あるいは生産者や消費者といった経済主体を連
結させる物流ネットワークにおける組織革新が，課題解決の重要な鍵になる
と考えられる。

1　ネットワーク組織

　今日，現在進行中の情報革命によって，世界中に張りめぐらされた情報通
信ネットワークがインフラストラクチャーとなり，経済をはじめ教育や医療
など社会におけるさまざまな活動の基盤となっている。そうした基盤の上
で，さまざまな場面においてネットワーク組織が形成され，機能することに
なる。

　ネットワーク組織は，完全な市場での一過性の取引ではなく，また，1つ
の組織内部の継続的な活動でもない，その間の中間的な形態として位置づけ
られる。ネットワーク組織の特徴としては，①垂直的分散（vertical disintegra-
tion），②調整者（brokers），③市場メカニズムによる連結，④公開情報システ
ムの4つがあげられる[20]。

　垂直的分散は，設計，開発，製造，マーケティング，流通といった各機能
がネットワーク内の独立の組織によって遂行されることを意味する。それ
は，垂直的統合による組織化に対比される動きだといえる。垂直的統合は，
各機能を組織内部に吸収して一体化することによって事業を展開することで
あり，それに対して，垂直的分散では，それぞれの機能に特化し，それらを
ネットワークとして連結することによって事業が完遂されることになる。そ

うしたネットワークには，各機能を結合する上で，調整者が必要になる。調整者は，設計，開発，製造，マーケティング，流通といった各機能を担う諸組織の活動を市場動向などの環境状況に応じて，適宜柔軟に結びつけ，組み合わせることになる。そして，ネットワークを構成する組織間には，市場メカニズムが働き，契約と結果が重視される。そこに，階層構造を前提とした権限関係による計画と統制による管理はみられない。さらに，ネットワーク組織は，オープンな情報通信ネットワークを活用し，そうした情報システムによって，さまざまな機能を担う組織間を連結することになる。

　直面する状況が常に変化する不確実な環境においては，さまざまな事業主体が新しい情報通信技術を活用して，機動的に臨機応変に離合集散することができるネットワーク組織を構築することがより適応的になり得る。こうしたネットワーク組織の特徴をもつ組織のあり方として，例えばアジルカンパニー，バーチャルコーポレーションあるいはファブレスといった概念をあげることができる[21]。

　アジルカンパニーは，環境や状況の変化に対して俊敏さや機敏さを持つ企業のことであり，早すぎても遅すぎても好機を得ることはできず，時機が到来したら俊敏に動いて機会を捉えることができる組織である。このような場合，必ずしも規模の大きさが勝ち残るための条件ではなく，反対に組織が大きいと動きが鈍くなり，変化に対して硬直的になってしまうのである。環境が大きく変わる状況下では，変化に対する俊敏さが成功の鍵になる。そうした俊敏性を実現するには，ピラミッド型の組織ではなく，フラットなオープン・ネットワークによる多様なコラボレーションを促進することが重要となる。

　また，バーチャルコーポレーションは，資源や能力に制約がある企業同士が，仮想企業体として情報ネットワークを通じて連結し，リアルな組織の枠を超えてバーチャルに組織が拡張されることによって編成される。その結果，必要な資源や能力を相補うことによって，複雑な事業活動を展開することができる。さらに，ファブレスとは，「工場を持たない」ことを意味し，そ

れまで内製していた製品をアウトソーシングによって外部の市場を通じて調達することになり，新しい取引関係のネットワークを構築することが必要になる。

　こうしたネットワーク組織のあり方に共通するのは，それぞれの事業主体の活動が自己完結的に行われるのではなく，オープンなネットワークを組織化することによって，外部の資源や能力を活用することである。その結果，身軽な持たざる経営が実現でき，急速な技術や市場の不確実な変化に俊敏に対応し，新たな環境に適応することが可能になる。しかし，外部化することは，さまざまなリスクをもたらすことにもなり得る。例えば，他者に依存することは，それ自体が不確実性の源泉となり，取引コストの増大につながる[22]。また，内部に資源や能力を蓄積することができなければ，その強みを失い，利益のほとんどが外部に流出してしまうことにもなりかねない。

　今日，ネットワーク組織を組成するための取引形態には，提携（alliance），合弁（joint venture）あるいは系列（keiretsu）などが考えられる。それらは，市場と組織の間にある中間的な取引形態であり，市場の特性をもつと同時に組織の特性を合わせ持ち，そこには何らかの相互依存関係が形成されることになる。そうした相互依存関係には，より市場に近い，ルースな連結となる提携から，そして合弁へ，さらにより組織に近い，タイトな連結となる系列といった強弱がみられる。

　提携は，技術提携や業務提携などの契約にもとづく関係であり，複数の当事者の活動を方向づけ，あるいは制約することになり，そして，より長期的な関係は戦略的提携として形成されることになる。また，合弁は，複数の当事者が合弁企業を設立し，共同で出資して事業の運営にあたることであり，提携以上に強固な相互依存関係が形成される。さらに，系列は，資本関係や人的関係によって形成され，当事者間のグループ化に至る形態である。

　こうした組織間の協調的な取引形態を通じて，共通の問題を解決するために，2つ以上の組織が調整された行動をとることになり，そこにネットワーク組織が創造されことになる。組織間の相互依存性は，両者の協調の基礎で

ある。組織が依存する他組織はまた，様々な程度において，当該組織に依存する。他組織の支持能力に対する需要が強くなるにしたがって他者への依存性は大きくなり，また反対に，支持を与えることができる組織の数が増えるにつれて依存性は小さくなる。

　経済社会におけるサプライチェーンは，荷主や物流事業者を含めた生産者から消費者に至るまでのプロセスに関わる多くのさまざまな主体からなる[23]。そうした物流活動の各主体を横断するネットワーク組織の創造は，各主体間をつなぎあわせ，むすびつけ，そして調整し統合するための情報処理・意思決定ネットワークの能力に依存する。今後のさらなる情報通信技術の発展は，そうした情報処理・意思決定能力を量および質の面で飛躍的に高めることになるであろう。その成果を取り入れることによって，物流ネットワークの進化と諸課題の解決を可能にすることができる。次に，そうした情報革命による物流ネットワークの組織化について展望する。

2　物流ネットワークの組織化

　情報革命の進展によって，物流においても情報通信技術の進歩によるネットワーク化が新たな段階を迎えることになる。それは，荷主や物流事業者といった個別の組織を横断して組織間をつなぎ合わせ，経済社会全体の物流機能を結びつけるネットワーク組織の構築を可能にするものとなるであろう。グローバルに人やモノあるいは組織が容易につながり，むすびつく場がバーチャルとリアルの双方の空間に創出され，シームレスな情報の流れによって，物流の動きがリアルタイムに把握されるようになる。その結果，物流活動の標準化と自動化が促進され，物流プロセスの効率性と持続可能性が向上することになると考えられる。

　たとえば，総合物流施策大綱（2021 年度～2025 年度）では，サプライチェーンを流れる各種の情報を統合し，さらにリアルデータを利活用することによって，新たな付加価値を創造することができると指摘されている[24]。それは，デジタル技術を適用あるいは活用する取組であり，具体的には，車両の

積載情報や動態情報等の物流データの共有，荷積み・荷卸しのタイミングをマッチングするための AI 等新技術の活用，求貨求車マッチング，倉庫シェアリングあるいはデジタル技術を活用した高機能型宅配ボックスの設置などとして言及されている。さらに，物資情報（ニーズ，調達あるいは輸送状況等）を共有できる「物資調達・輸送調整等支援システム」，物資需要量・インフラ復旧状況等のビッグデータを基にした最適な輸送ルートを提案・情報共有できる「緊急支援物資輸送プラットフォーム」，自動車や車載器等の通信システムを利用し取得した運転情報や，車両と車載機器，ヘルスケア機器等を連携させた総合的なデジタルデータを活用した「安全支援システム」などの構築が取り上げられている。

　これからの社会において進展する IoT，ビッグデータあるいは AI 等を含めた情報処理・意思決定に関わるさらなる技術革新は，物流 DX を推進していくためのツールとなる。物流 DX は，サプライチェーンの中で生成されるあらゆるデジタルデータを連携させ，物流に関わる共通のプラットフォームを創造することによって，物流業務の定型化・標準化・自動化を促進し，物流活動の効率性向上につながる。さらに，そうした情報通信ネットワーク上の物流プラットフォームを基盤として，荷主や物流事業者を含めたサプライチェーンの各主体は，ネットワーク組織としてむすびつく。ネットワークを組成するプラットフォーマーは，その調整者（brokers）としての役割を担い，その中で新たなビジネスモデルを創造することができる。それは，物流の業務プロセスを効率化するとともに，さまざまな物流課題の解決につながるようなビジネス革新をもたらし得る。このように情報通信ネットワークによるデジタルデータを介して，荷主や物流企業のネットワーク組織化が促進され，より効率的かつ効果的な物流ネットワークは実現されることになる。

　では今後，効率性，円滑性，耐久性さらに持続性に優れた物流ネットワークの組織化を図るには，どのような条件が満たされなければならないのであろうか。物流活動において，人やモノの動きや流れを連結させるために必要になるのが，情報処理・意思決定の一連の過程である。そうした情報処理・

意思決定は，技術システムと社会システムの両システムの基盤の上に成り立っている。したがって，物流 DX を成功させて優れた物流基盤を形成するために，技術システムの観点からは，新しい情報通信技術によって実現できる機能とその適用が，物流の改革・改善あるいは革新にどのような効果をもたらすものなのかを考慮しなければならない。また，もう一方の社会システムの観点からは，物流に関わる商流，金流あるいは情（情報）流も含めて，そのプロセスを担うさまざまな主体間を横断して，つなぎ合わせ，むすびつけるためのネットワーク組織の組成をいかにして促進するのかを検討する必要がある。

　社会横断的な物流ネットワークの組織化に関して，総合物流施策大綱（2021年度〜2025 年度）において，物流が直面する課題は，国のみならず，物流事業者，荷主，一般消費者等全てのステークホルダーの連携，協働による継続的な取組によって解決が図られること，そして，取り組むべき課題を重点化し，集中して取り組むことの必要性が指摘されている[25]。ネットワーク組織を組成するためには，発荷主や着荷主，物流事業者，生産者や消費者および行政を含めたサプライチェーン上の垂直的に分散した各主体が，共通の課題解決のための意識や理念を共有し，共同目的を達成するために調整された活動を展開することが条件となるのである[26]。各主体が一定の課題に取り組むために柔軟に連携し，情報システムを通じて連結することによって，ネットワークを構成することができる。そのためには，調整者として，さまざまな機能を担う各主体をつなぎ，むすびつけて，それらの活動を統合するための役割が必要不可欠となる。物流ネットワークの組織化を成功させるためには，それがネットワークへの参加者である発・着荷主や物流事業者の業績向上に貢献し，そして，サプライチェーンが最適化されることによって，社会全体の利益や成果の実現につながることが重要なのである。

第4節　今後の展望

　情報通信技術の発達によってもたらされる情報革命は，経済社会における物流活動においても大きな変化を生み出すであろう。それは，物流DXという形で，物流プロセスや物流業務の革新につながる。今日の物流課題の解決のためには，そうした情報革命を推進する技術やテクノロジーを積極的に取り入れて利用することが必要である。また同時に，そうした技術を活用するための物流ネットワークの組織化を図り，組成された協働のためのネットワーク組織を持続的に運用することが不可欠になる。すなわち，物流を取り巻く諸問題に対して，情報通信に関わる技術システムとネットワーク組織という社会システムのそれぞれの本質を見極め，それらを物流活動に適合的に導入することが課題解決の鍵になるのである。

　総合物流施策大綱（2021年度～2025年度）では，社会のインフラストラクチャーとしての物流ネットワークの重要性があらためて指摘されている。すなわち，物流機能は，国民生活や産業競争力の重要な基盤であり，それが機能不全となれば，今日の社会が成り立たなくなってしまうのである[27]。しかし，その一方で今日の物流を取り巻く環境は厳しく，多くの問題が山積している。そうした物流業界を取り巻く課題として，物流の構造改革や生産性向上，物流産業の労働力不足や働き方改革，労働生産性の改善，賃金水準の確保，労働環境の整備，下請取引の適正化，サプライチェーン全体での環境負荷の低減，低炭素化・脱炭素化，モーダルシフトの推進，コールドチェーン物流の構築，資源循環のための静脈物流ネットワークの確立，地球環境の持続可能性の確保等があげられている[28]。

　こうした物流プロセスの非効率性，労働力不足さらに環境負荷といった諸問題を解決し，物流に関わる人的・物的資源の効率的利用や持続可能なサプライチェーンの実現といった課題に取り組むためには，新しい情報通信技術を用いたデジタル化によって，物流組織のネットワーク化を促進することが

必要不可欠である。まさに，情報革命が進む現代社会では，私たちを取り巻く環境状況が大きく変化する中で，物流場面においても先進的な情報通信技術を用いてネットワーク組織をいかに生成し，そして活用するかが問われることになる。

　今日の情報革命は，私たちの情報処理・意思決定のあり方を大きく変える。インターネットによってあらゆるモノがつながり，ネットワーク上に生成される大量かつ広範囲にわたるデジタルデータが迅速に処理され，それらのデータからさまざまな現象における一定のパターンを発見することが可能になる。さらに，そうしたパターンが学習・蓄積されることによって，以前は予測・計算できなかった事象に関してもあらかじめ計画を立て，スケジュール化することができるようになる。すなわち，人間の情報処理・意思決定を支援する情報システムの発展によって，これまでは人の経験や勘にもとづいて行われてきた非定型的意思決定が定型化され，不確実な状況下における意思決定に関しても機械による自動化が進むことになる。こうして非定型的意思決定がルーチンとしての定型的意思決定に移行し，より不確実な環境状況においても適応的な意思決定が可能になる。その結果，組織における一連の活動プロセスが標準化され，業務活動の効率性は向上して行く。

　こうした情報通信技術の飛躍的な発展は，IoT や AI を活用した情報処理・意思決定の仕組みをさらに高度化させ，物流システムにおいてもさまざまな革新をもたらす鍵になると考えられる。たとえば，総合物流施策大綱（2021年度〜2025年度）では，フィジカルインターネット（Physical Internet）やデジタルツイン（Digital Twin）といった概念が取り上げられている[29]。フィジカルインターネットは，インターネットのパケット交換の考え方を物流に応用して，「フィジカル」なモノの輸送・仕分・保管の流れを効率化するものである[30]。それは，車両等の輸送能力や倉庫の保管能力をシェアリングすることによって，物流リソースの有効利用を図るための仕組みであり，物流情報を交換するための各種のインターフェイスを標準化して，荷主や物流事業者間で荷物や車両・倉庫等の情報共有を促進し，輸送・保管・経路等の最適化を

可能にする。その結果，トラック等の稼働率を向上させるとともに環境負荷を低減させ，持続可能な物流を実現することができる。

　また，デジタルツインとは，IoT 等を活用して現実（フィジカル）空間の情報をリアルタイムで取得し，デジタル空間上に現実（フィジカル）空間の環境を再現し，モニタリングやシミュレーションを可能にする仕組みである[31]。そうしたデジタルツインが物流の場面に適用されることによって，現実の物流ネットワーク上のさまざまな物流情報をリアルタイムで収集し，それにもとづいてバーチャルな空間にリアルな物流状況を再現することができる。そして，コンピューター上で現実に近いシミュレーションを行うことによって，時々刻々と変化する物流の動きを反映した自動化された最適な意思決定が可能になる。

　さらに，物流業界において，荷主や物流事業者を含めたサプライチェーンのさまざまな事業主体を横断する情報ネットワークを構築し，トラック等の輸送状況や倉庫の保管状況に関する情報を収集することによって，求貨求車マッチングや倉庫シェアリングなどの新たな物流サービスが提供されている[32]。

　このように情報革命によって，以前は非常に高価であったオンライン・リアルタイム（On-Line-Real-Time）情報システムの運用が容易になり，そうした情報システムを利用することによって，さまざまな物流資源を連結し，より効率的な物流ネットワークを組成することが可能になっている。さらに，より効果的な物流ネットワークの組織化を進めるためには，物流ネットワーク上の荷主や物流事業者の相互の協力や協働を促進することが必要である。今日の物流課題を解決するためには，物流ネットワーク上の各主体に利益をもたらすネットワーク組織を創造することが重要であり，そのために情報システムの効果的な活用が求められる。

　情報革命の本質は，ネットワークを通じてあらゆるものがつながり，むすびつけられ，そして，私たちを取り巻く不確実性の処理にかかわる「情報処理・意思決定」のあり方が革命的に進化し，それによって，社会のさまざま

な活動の標準化あるいは自動化が進展することにある。今日の物流課題の解決のためには，情報革命が物流にどのような便益をもたらすのかを検証し，IoT，ビッグデータあるいは AI などによるデジタル革命の域に達した情報通信技術の進展という「技術システム」の側面と，荷主や物流事業者を横断する物流ネットワークの組織化という「社会システム」の側面といった両方向からアプローチすることが鍵になる。

注

1)「第 2 部 2005 年のネット経営⑨」『日経産業新聞』1996 年 11 月 15 日，1 頁。
2)「デジタル革命に勝つ「AI 経営」」『日経ビッグデータ』2017 年 6 月号，3-9 頁。
3) 物流の機械化やデジタル化は，「簡素で滑らかな物流（ムリ・ムラ・ムダのない円滑に流れる物流）」や「（輸送情報やコストなどの）見える化」を実現し，非効率な物流の改善と物流システムの規格化による収益力・競争力の向上が期待できることなど，物流産業のビジネスモデルの革新につながることになり，このような取組を「物流 DX」と総称している（総合物流施策大綱（2021 年度〜2025 年度）国土交通省ホームページ https://www.mlit.go.jp/seisakutokatsu/freight/seisakutokatsu_freight_tk1_000179.html）。なお，「DX（Digital Transformation；デジタルトランスフォーメーション）」は，「デジタル技術とデジタル・ビジネスモデルを用いて，組織を変革し，業績を改善すること」と定義される（「デジタル業務革新㊤　組織超えた「協奏」目指せ」『日本経済新聞』2020 年 1 月 30 日（朝刊），27 頁。）。DX は，企業活動においては，IT による事業変革を指すことが多く，2004 年，スウェーデンのウメオ大学教授（当時）のエリック・ストルターマン氏が提唱した概念とされる（「製造業 DX はじめました Part 1 動向 他社の DX に惑わされない 主役は AI/IoT だけにあらず」『日経ものづくり』2020 年 8 月号，38 頁。）。
4) 物流に関わる全てのステークホルダーが，ユニットロードや EDI の仕様などモノ・データ・輸配送条件を含む業務プロセスの標準化に連携して取り組み，物流を構成する各種要素を標準化することで，物流現場の作業が簡素化し，自動化機器の導入による省人化が可能になる（総合物流施策大綱（2021 年度〜2025 年度）国土交通省ホームページ https://www.mlit.go.jp/seisakutokatsu/freight/seisakutokatsu_freight_tk1_000179.html）。
5) 降旗武彦・岡本康雄・河合忠彦編（1981）『経営学小辞典』有斐閣，130-131 頁。
6) Thompson, J.D., *Organizations in Action*, McGraw-Hill, 1967, pp.14-15（高宮晋監訳『オーガニゼーション・イン・アクション』同文舘出版，1987 年，17-18 頁。）.
7) March, J.G. & H.A. Simon, *Organizations*, John Wiley & Sons, 1958, pp.137-138（土屋守章訳『オーガニゼーションズ』ダイヤモンド社，1977 年，208-209 頁。）.

8) Simon, H.A., *Administrative Behavior : A Study of Decision-Making Processes in Administrative Organization, Third Edition*, Macmillan, 1976, pp.80-84（松田武彦・高柳暁・二村敏子訳『経営行動（新版）』ダイヤモンド社，1989 年，103-107 頁。）.

9) Ibid., pp.80-84.

10) 降旗武彦・岡本康雄・河合忠彦編『経営学小辞典』有斐閣，1981 年，27 頁。

11) 同上，88 頁。

12) 同上，49 頁。

13) 同上，49 頁。

14) Galbraith, J.R., *Designing Complex Organizations*, Addison-Wesley, 1973, p.5（梅津祐良訳『横断組織の設計―マトリックス組織の調整機能と効果的運用』ダイヤモンド社，1980 年 9-10 頁。）.　原文では，不確実性（Uncertainty）について，「Uncertainty is defined as the difference between the amount of information required to perform the task and the amount of information already possessed by the organization.(原著，p.5)」と記述され，さらに以下のように説明されている。すなわち，「具体的な職務にともなう不確実性は，ある特定の組織における特定の職務ごとに具体的に決まってくるわけである。職務を遂行するのに必要な情報量とは，「(1) 各製品，サービス，顧客の種類の数によって決定される組織のアウトプットの多様性，(2) プロジェクト遂行に必要とされる専門技術，製造部門に必要とされる機械ラインの数などによって決定される組織のインプット資源，人材（リソース）の種類と数，(3)機械利用率などの効率指数によって決定される目標や，業績達成の困難度，などの関数で決まってくる」といえる。もし，アウトプット，資源インプット，業績期待水準などが多様であればあるほど，意思決定にあたって同時に考慮しなければならない変数の数，また変数間の情報交換の回数が増えてくる。しかし，組織が必要な情報をすべて備えているとはかぎらない。職務の不確実性を別の言い方で定義すれば，職務遂行の過程で付加的に獲得してゆくべき情報量ともいえる。このことから，職務遂行に必要とされる全情報量と，組織がすでに獲得している情報量との差が，職務の不確実性と定義される。」（訳書，9-10 頁）と翻訳されている。

15) Galbraith, J.R., *Organization Design*, Addison-Wesley, 1977, pp.96-110.

16) Ibid., p.101.

17) Ibid., pp.96-110.

18) Galbraith, J.R., *Designing Complex Organizations*, Addison-Wesley, 1973, pp.15-17（梅津祐良訳『横断組織の設計―マトリックス組織の調整機能と効果的運用』ダイヤモンド社，25-28 頁，1980 年。）.

19) 情報革命による情報社会の発展には，プラスの側面と同時に，マイナス面として情報セキュリティに関するリスクの問題が当然生じるが，ここでは取り扱わない。

20) 山倉健嗣・岸田民樹・田中政光『現代経営キーワード』有斐閣，2001 年，48-49 頁。

21)「経済教室　アジルカンパニーで活力」『日本経済新聞』1996 年 4 月 22 日（朝刊），

18 頁。：「やさしい経済学　21 世紀型企業　仮想企業」『日本経済新聞』1996 年 1 月 4 日（朝刊），21 頁。：「きょうのことば　ファブレス経営」『日本経済新聞』1996 年 8 月 20 日（朝刊），3 頁。

22）環境要素との依存関係は，組織にとって不確実性の源泉である。組織は環境に依存するが，他方，環境も組織に依存する。不確実性は，このような相互の依存性に基づく両者の相互作用プロセスによって発生する。

23）サプライチェーンの垂直的分散が進む場合には，原材料の調達から製造，物流そして販売に至る各段階の職能活動が外部取引によって行われ，それらの職能活動は別々の組織によって担われることになる。そして，組織間の相互依存性は，市場を通じたネットワーク型の調整メカニズムによって処理される。その結果，取引関係の変更が容易になり，状況の変化に応じて組織間の関係を柔軟に組み替えることができる。反対に，サプライチェーンの垂直的統合が進む場合には，原材料の調達から製造，物流そして販売に至る各段階の職能活動が組織活動に吸収されることによって，それらの職能活動は単一の組織によって担われることになる。そして，組織内の相互依存性は，計画にもとづくピラミッド型の統制メカニズムによってコントロールされる。その結果，モノや情報の流れは効率的に処理され，供給活動を安定的に展開することができる。

24）総合物流施策大綱（2021 年度～2025 年度）（国土交通省ホームページ）https://www.mlit.go.jp/seisakutokatsu/freight/seisakutokatsu_freight_tk1_000179.html

25）同上。

26）「イオンなど 50 社，共同配送　小売り・卸，食品・日用品とタッグ　拠点共有，コスト抑制　25 年度めど」『日本経済新聞』2022 年 3 月 4 日（朝刊），5 頁。
　　たとえば，イオンなどの小売りや卸，食品，日用品メーカー約 50 社の業種を超えた共同配送への取組事例は，業種や業界の枠を超えて組成される物流ネットワークの組織化の実例としてあげられる。記事では，2025 年までにトラックの混載や物流拠点の共同利用を始めることによって，トラックの積載率を 2030 年までに 70％まで引き上げて輸送効率を向上させ，省人化や費用圧縮，さらに二酸化炭素の排出削減を目指すとされている。こうした物流のネットワーク組織が成功するためには，その調整者の役割が重要になるであろう。当該事例においても，経済産業省と国土交通省による有識者会議や，小売りや卸，食品，日用品メーカーなどでつくる「製・配・販連携協議会」が調整機能を担うものと考えられる。そこでは，共同配送に関する工程表の進捗をモニターすることになるであろう。また，ネットワーク組織の編成と運営には，その中心となるある程度影響力の大きな旗振り役の存在も必要になるであろう。この場合はイオンや政府の役割が重要になると考えられる。

27）総合物流施策大綱（2021 年度～2025 年度）国土交通省ホームページ https://www.mlit.go.jp/seisakutokatsu/freight/seisakutokatsu_freight_tk1_000179.html

28）同上。
　　総合物流施策大綱（2021 年度～2025 年度）においては，重要な社会基盤としての物流ネットワークの課題として，①人口減少の本格化や労働力不足への対応，②災

害の激甚化・頻発化と国民の安全・安心の確保，③Society5.0 の実現によるデジタル化・イノベーションへの強化，④地球環境の持続可能性の確保や SDGs への対応，⑤新型コロナウイルス感染症への対応があげられている。

29）同上。

30）「フィジカルインターネット | 用語解説 | 野村総合研究所（NRI）」https://www.nri.com/jp/knowledge/glossary/lst/ha/physical_internet

31）デジタルツインの現状に関する調査研究の請負 成果報告書 令和3年3月 総務省情報流通行政局情報通信政策課情報通信経済室（委託先：株式会社エヌ・ティ・ティ・データ経営研究所）https://www.soumu.go.jp/johotsusintokei//linkdata/r03_06_houkoku.pdf

　デジタルツインは 2002 年に米ミシガン大学のマイケル・グリーブスによって提唱された概念であり，現実空間とデジタル空間および両者の情報連携の 3 要素によって構成されている。デジタルツインは，製造業やエネルギー・インフラ業などの分野で活用が進められ，またシンガポールでは，スマート国家の実現に向けた「バーチャルシンガポール」の構想が推進されている。

32）総合物流施策大綱（2021 年度～2025 年度）国土交通省ホームページ https://www.mlit.go.jp/seisakutokatsu/freight/seisakutokatsu_freight_tk1_000179.html

参考文献

・降旗武彦『経営学原理』実教出版，1986 年。
・降旗武彦・岡本康雄・河合忠彦編『経営学小辞典』有斐閣，1981 年。
・Galbraith, J.R., *Designing Complex Organizations*, Addison-Wesley, 1973（梅津祐良訳『横断組織の設計―マトリックス組織の調整機能と効果的運用』ダイヤモンド社，1980 年。).
・Galbraith J.R., *Organization Design*, Addison-Wesley, 1977.
・Galbraith, J.R., *Competing with Flexible Lateral Organization 2nd.*, Addison-Wesley, 1994.
・Galbraith, J.R. & Nathanson, D., *Strategy Implementation : The Role of Structure and Process*, West Publishing, 1978（岸田民樹訳『経営戦略と組織デザイン』白桃書房，1989 年。).
・岸田民樹『経営組織と環境適応』三嶺書房，1985 年。
・熊谷誠治『電子メールの実際』日本経済新聞社，1995 年。
・楠真『イントラネット入門』日本経済新聞社，1996 年。
・桑田耕太郎・田尾雅夫『組織論』有斐閣，1998 年。
・March, J.G. & H.A. Simon, *Organizations*, 1958（土屋守章訳『オーガニゼーションズ』ダイヤモンド社，1977 年。).
・織畑基一『情報世紀への企業革新』日本経済新聞社，1990 年。
・Simon, H.A., *Administrative Behavior : A Study of Decision-Making Processes in*

Administrative Organization, Third Edition, Macmillan, 1976（松田武彦・高柳暁・二村敏子訳『経営行動（新版）』ダイヤモンド社，1989年。）.

・Simon, H.A., *The New Science of Management Decision, revised ed.*, Prentice-Hall, 1977（稲葉元吉・倉井武夫訳『意思決定の科学』産能大学出版部，1979年。）.

・Thompson, J.D., *Organizations in Action*, McGraw-Hill, 1967（高宮晋監訳『オーガニゼーション イン アクション』同文舘出版，1987年。）.

・山倉健嗣『組織間関係』有斐閣，1993年。

第2章
トラック運送事業者の減価償却計算とその問題点の見える化

第1節　研究の背景と目的

　本研究は，減価償却計算が，貨物自動車により運送事業を行う事業者，すなわちトラック運送事業者の経営に及ぼす影響を，実践的な設例により見える化し，この問題の解決策を検討するものである。

　トラック運送事業については，1990年（平成2年）に，いわゆる物流2法が施行された。貨物自動車運送事業法と貨物運送取扱事業法である。物流2法施行後のトラック運送事業者数の推移は，きわめて興味深い。

　1990年（平成2年）のトラック運送事業者の総数は40,072者であったが，この年から99年（平成11年）までの新規参入事業者数の合計は，実に18,502者であり，ここから退出事業者4,555者を減じた99年（平成11年）の事業者総数も，率にして約35％増の54,019者である。

　もともと，トラック運送事業の形態は，おおまかに，物流2法の施行以前に「区域（事業）」と称されていた一般貨物自動車運送業と，「路線（事業）」と称されていた特別積み合わせ運送業に分類される。前者は，原則として一荷主の貨物をトラックに積載して発地から着地への単純な輸送を行う業態であり，後者は，トラックターミナルを基点とするネットワークの構築を必須とし，その構築に時間と費用を割かなければならない業態である。物流2法による規制緩和の一環として，トラック運送事業が保有する最低車両台数が漸

次削減され，最終的には全国一律 5 台とされたが，これを受けて，バブル経済の崩壊後の深刻な不況下にあっても，従来から市場参入が比較的容易であった一般貨物自動車運送業への新規参入が加速し，トラック運送事業者の総数は急増した。

2000 年代に入っても，トラック運送事業者総数は増加し続け，ピーク時の 2007 年（平成 19 年）には 63,122 者を数えることとなった。その後は，1) 事業者数の急増による運賃水準の軟化，2) ドライバー不足を主因とした人件費の上昇，3) 燃料価格の激変，4) 安全・環境・コンプライアンス等にかかわる費用の増加などの悪条件が重なるなかで，撤退事業者数の増加が顕著となり，総事業者数は，ゆるやかな減少傾向にあるものの，いまだに年 1,000 者前後の事業者が新規に参入し続けている[1]。

この業界では，伝統的に，新規参入については，ローン・リース等を利用すれば少額の自己資金での起業が可能である。また，事業の継続については，運賃・燃料価格等の変動は人件費で調整するとの見解が有力である。物流 2 法施行以降のトラック運送事業者数の推移の背後には，このような業界特有の事情とともに，減価償却という特殊な会計手続きが存しているように思われてならない。

以上をふまえ，次節で，減価償却計算にかかわる会計学上の論点をトラック運送事業者の見地に立って整理，再考し，第 3 節で，運送原価計算書を概説する。そして，第 4 節で，減価償却がトラック運送事業者の経営に与える影響を考察し，第 5 節で，その対応策を提示する[2]。

第 2 節 減価償却計算

1 意 義

企業の経営に必要な建物・車両・機械装置等の有形固定資産を取得する際には，その購入代価の他に，引取運賃，購入手数料，据付費，試運転費などの付随費用が必要とされるが，購入代価に当該費用を加算した額を，取得原

価という。そして，この取得原価を，有形固定資産の利用期間にわたって，一定の方法で，減価償却費と呼ばれる費用として配分する手続きを減価償却計算，あるいは減価償却と称する。

　減価償却計算における取得原価を各期に費用配分する基準としては，利用度と耐用年数がある。後者の耐用年数とは，有形固定資産等に関して，その取得時点における将来の利用可能期間を年単位で見積ったものである。

　両基準について，桜井（2014）は，「理論的には利用度を配分基準とし，資産が全期間に提供する総利用可能量のうちの各期の利用量に比例して減価償却を行うのが望ましいが，将来の総利用可能量を客観的に推定するのは不可能な場合が多い。したがって一般には耐用年数が原価配分基準として用いられている」と述べている（178頁）。

2　償却方法

　減価償却費の計算方法には，定額法，定率法，級数法，生産高比例法など，種々の償却方法がある。これらのうち，わが国の実務で，広く採用されている方法は，定額法と定率法である。

　前者は，直線法とも呼ばれ，有形固定資産等の価値は，各期，一定額ずつ減少するという前提にもとづいて，毎期，均等額の減価償却費を計上するものであり，一般に公正妥当と認められる会計慣行を成文化した企業会計原則は，これを「固定資産の耐用期間中，毎期均等額の減価償却費を計上する方法」と指示している（注解20）。

　後者は，有形固定資産等の価値は，取得直後に著しく減少し，その後，次第に減少幅が小さくなる（逓減する）という見地に立ち，減価償却費を計上する方法であり，逓減償却法とも呼ばれる（広瀬，2011，269）。企業会計原則は，その計算方法を「固定資産の耐用期間中，毎期期首未償却残高に一定率を乗じた減価償却費を計上する」と指示している（注解20）。

3 目的と効果

　減価償却の目的は，有形固定資産の価値を，利用期間にわたって，一定の方法で，費用として計上し，適正な期間損益計算を実施するところにある。『企業会計原則と関係諸法令との調整に関する連続意見書　第三　有形固定資産の減価償却について』（以下，「連続意見書第三」）は，これを「適正な費用配分を行なうことによって，毎期の損益計算を正確ならしめる」と説いている（第一-二）。

　また，減価償却の実施により，有形固定資産に投下されていた資金は，商製品の販売と対応づけられ，現預金・売掛金等の貨幣性資産というかたちで回収されるが，減価償却費は，資金の流出を伴わない費用であることから，企業内に当該回収額に相応する資金が留保される結果となる。借入金・増資等による資金調達を行わず，この回収額相応資金によってのみ設備能力の拡充を一定限度まで達成し，これを維持することができる減価償却に付随する効果を，"減価償却の自己金融（ファイナンス）効果"，"ローマン・ルフチ効果（Lohmann-Ruchti-Effekt）"，"マルクス・エンゲルス効果（Marx-Engels-Effekt）"などと称する（以下，「減価償却の自己金融効果」）。

4 企業会計上の減価償却計算

　わが国には，金融商品取引法会計，会社法会計および税務（税法）会計という3つの制度会計の領域があるが，金融商品取引法会計と会社法会計とを一括して企業会計と称し，これを税務会計と対峙する会計領域と考えることが多い。

　企業会計の背後には，先にふれた企業会計原則がある。企業会計原則は，貸借対照表原則五で，「有形固定資産は，当該資産の耐用期間にわたり，定額法，定率法などの一定の減価償却方法によって，その取得原価を各事業年度に配分し」と指示している。そして，これを受ける形で連続意見書第三は，減価償却計算にかかわる各要素を比較的詳細に解説している。しかし，企業会計の側は，耐用年数の決定，償却方法の選定などに関して具体的な指示を

行っていない。

　企業会計は，減価償却について，各企業の合理的かつ適正な判断に委ねるという立場を採っているのである。

5　税務上の減価償却計算

　税務会計の背後にも企業会計原則は存し，税法は，基本的には企業会計原則にしたがった会計処理を行うという見地に立っている。しかし，税務会計は，課税の公平を図りつつ，国庫の要請を充足するという企業会計とは本質的に異なる課題を担っている。したがって，「企業の自由な，しかも時として恣意的な判断や財務上の調節に利用される可能性のある償却計算について，その一切を企業の自主判断に委ねることには問題がある」との思考にもとづき（米山・坂本，2004, 252），損金として認める償却限度額に関して，特に細かい規制を行うこととしている。

　すなわち，税務会計においては，適正な課税所得の算定を目的として，まず，以下に示す法人税法第 31 条第 1 項が置かれることにより，減価償却費については，会社法上の確定した決算で損金経理が行われていなければ，課税計算上，損金として認めない旨の要件，いわゆる損金経理要件が付され，減価償却費の損金算入が厳格に制限されている。

　第三十一条　内国法人の各事業年度終了の時において有する減価償却資産につきその償却費として第二十二条第三項（各事業年度の損金の額に算入する金額）の規定により当該事業年度の所得の金額の計算上損金の額に算入する金額は，その内国法人が当該事業年度においてその償却費として損金経理をした金額（以下この条において「損金経理額」という。）のうち，その取得をした日及びその種類の区分に応じ，償却費が毎年同一となる償却の方法，償却費が毎年一定の割合で逓減する償却の方法その他の政令で定める償却の方法の中からその内国法人が当該資産について選定した償却の方法（償却の方法を選定しなかつた場合には，償却の方法のうち政令で定める方法）に基づき政令で定めるところにより計算した金額（次項において「償却限度額」という。）に達するまでの金額とする。

　そして，減価償却に関する，1）方法，2）耐用年数，3）取得価額などの計算要素は，すべて法定化されている。国税庁のホームページに公開されている現行の税法上の定額法と定率法の概説（**参考資料2-1**），計算式・設例等（**参考資料2-2-1・2-2-2**）および対比表（**参考資料2-3**）を，以下に示しておく。

参考資料 2-1　定額法と定率法の概説

	定額法	定率法
特徴	償却費の額が原則として毎年同額となる。	償却費の額は初めの年ほど多く，年とともに減少する。 ただし，定率法の償却率により計算した償却額が「償却保証額」に満たなくなった年分以後は，毎年同額となる。
計算方法	取得価額×定額法の償却率	未償却残高×定率法の償却率（以下「調整前償却額」という。） ただし，上記の金額が償却保証額に満たなくなった年分以後は次の算式による。 　改定取得価額×改定償却率

（注）1．資産を年の途中で取得又は取壊しをした場合には，上記の金額を12で除しその年分において事業に使用していた月数を乗じて計算した金額になります。
（注）2．償却保証額とは，資産の取得価額に当該資産の耐用年数に応じた保証率を乗じて計算した金額をいいます。
（注）3．改定取得価額とは，調整前償却額が初めて償却保証額に満たないこととなる年の期首未償却残高をいいます。
（注）4．改定償却率とは，改定取得価額に対しその償却費の額がその後同一となるように当該資産の耐用年数に応じた償却率をいいます。
（出所）国税庁（ホームページ），所得税 No.2106

参考資料 2-2-1　定額法の設例

【設例】取得価額1,000,000円，耐用年数10年の減価償却資産の各年の償却に係る計算は，次のとおりとなります。定額法の償却率0.100　各年の償却限度額1,000,000円×0.100＝100,000円

年数	1	2	3	4	5	6	7	8	9	10
期首簿価	1,000,000	900,000	800,000	700,000	600,000	500,000	400,000	300,000	200,000	100,000
償却限度額	100,000	100,000	100,000	100,000	100,000	100,000	100,000	100,000	100,000	99,999
期末簿価	900,000	800,000	700,000	600,000	500,000	400,000	300,000	200,000	100,000	1

※10年目における計算上の償却限度額は100,000円ですが，残存簿価が1円になりますので，結果として実際の償却限度額は99,999円になります。
（出所）国税庁（2007），3

参考資料 2-2-2　定率法の設例

耐用年数10年，取得価額100,000円
200％定率法の償却率 …… 0.200
改定償却率……………………0.250
保証率…………………………0.06552

(単位：円)

年数	1	2	3	4	5	6	7	8	9	10
期首帳簿価額	1,000,000	800,000	640,000	512,000	409,600	327,680	262,144	196,608	131,072	65,536
調整前償却額	200,000	160,000	128,000	102,400	81,920	65,536	52,428			
償却保証額	65,520	65,520	65,520	65,520	65,520	65,520	65,520			
改定取得価額×改定償却率								65,536	65,536	65,536	(65,536)
償却限度額	200,000	160,000	128,000	102,400	81,920	65,536	65,536	65,536	65,536	65,535
期末帳簿価額	800,000	640,000	512,000	409,600	327,680	262,144	196,608	131,072	65,536	1

(注) 調整前償却額 (262,144円×償却率0.200＝52,428円) が，償却保証額 (取得価額1,000,000円×保証率0.06552＝65,520円) に満たないこととなる7年目以降は，改定取得価額 (7年目の期首帳簿価額262,144円) に改定償却率 (0.250) を乗じて計算した金額65,536円が償却限度額となります。
(出所) 国税庁 (2011), 6-7

参考資料 2-3　定額法と定率法の対比表[3]

	定額法	定率法
耐用年数	10 年	10 年
償却率	0.100	0.200
改定償却率	—	0.250
保証率	—	0.06552
償却保証額	—	65,520 円 (＝1,000,000×0.06552)
1年目の償却費の額	100,000 円 (＝1,000,000×0.100)	200,000 円 (＝1,000,000×0.200)
2年目〜6年目の償却費の額	100,000 円 (＝1,000,000×0.100)	(1,000,000−前年までの償却費の合計額)×0.200
7年目の償却費の額	100,000 円 (＝1,000,000×0.100)	65,536 円 (＝改定取得価額262,144円×0.250) 【計算上の注意点】 (1) 調整前償却額の計算(1,000,000−前年までの償却費の合計額)×0.200＝52,429 (2) 調整前償却額52,429円が償却保証額65,520円に満たないので，改定取得価額 (注) に改定償却率を乗じて償却費の額を計算します。 (注) 改定取得価額は (1,000,000−前年までの償却費の合計額) です。
8・9年目の償却費の額	100,000 円 (＝1,000,000×0.100)	65,536 円 改定取得価額×0.250
10年目の償却費の額	99,999 円 期首帳簿価額−1円 <1,000,000×0.100	65,535 円 期首帳簿価額−1円<改定取得価額×0.250

(出所) 前掲参考資料 2-1 と同じ

第3節　トラック運送事業者の費用計算

1　運送原価計算書の意義

　企業会計は，その目的，会計情報利用者などの違いにより財務会計と管理会計に分類される。トラック運送業界にあっては，財務会計の領域で「運送原価報告書」，管理会計の領域で「運送原価計算書」，「費用計算書」，「運送原価算出表」などと呼ばれる特有の計算書が作成される（以下，「運送原価計算書」）。

　前者の運送原価報告書は，損益計算書中に合計額で記載されている当期製品製造（運送）原価の内訳を表すものとして別途作成される報告書で，いわゆる製造原価報告書の一形態である。運送原価報告書は，貸借対照表・損益計算書等とともに，財務諸表分析に有用なデータを提供する。

　これに対して，後者の運送原価計算書は，コスト削減や運賃水準の評価といった課題について具体的な対応策を検討するため，換言すれば，1）荷主企業との運賃・料金交渉を対等な立場で行う，2）車両別の採算の把握を行う，3）運行ごとの損益を把握する，4）運送原価の構成を把握する，5）従業員の原価意識を向上させる，6）運送原価から問題点・改善点を把握する，などの目的を達成するために（日野自動車（株）・コンサルティングセールスチーム，2003），通常，期間を1か月，単位を1台当たりとして運送原価を算出・把握するものである。運送業界においては，「費用計算」あるいは「原価計算」といえば，この運送原価計算書にかかわる計算を指すことが多く，これを基礎として，「1日当たり運送原価」，「1運行当たり運送原価」，「輸送1トン当たり運送原価」，「走行1キロメートル当たり運送原価」などが算定されている。

　トラック運送事業については，前述の貨物運送事業法の施行により，運賃制度が認可制から届出制に移行している。現行制度の下では，任意の運賃で契約を結ぶことが可能である反面，適正な運賃を荷主から収受していくことが，健全な経営を維持するための最重要課題の一つとされ，ここにおいて，運送原価計算書は，きわめて大きな役割を担っている。国土交通省（以下，「国

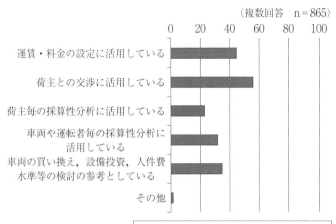

図 2-1　費用計算の結果の活用方法

交省」）自動車局貨物課と公益社団法人全日本トラック協会（以下,「全ト協」）が
2011 年（平成 23 年）9 月に公表した『トラック輸送の実態に関する調査　調査
報告書』は，トラック運送事業界の実務において，費用計算の結果が，**図 2-
1** に示すように，「荷主との交渉」,「運賃・料金の設定」,「車両の買い換え，
設備投資，人件費水準等の検討」など，様々な局面で活用されていることを
報告している[4]。

2　運送原価計算書の実例

　運送原価計算書の一般的な様式は，**表 2-1-1** から**表 2-1-3** のようなもので
ある。

　運送原価計算書は，管理会計の領域で作成されるものであるため，用語・
様式・作成方法等にかかわる公の定めは特になく，実務にあっては種々の様

式が採用されている。しかし，その基本形は，古くから，トラックを運行する際に質的にも量的にも重要性の高い3つの費用，すなわち1）車両費，2）人件費，3）燃料油脂費，修理費，タイヤ・チューブ費のいわゆる運行三費が独立表示され，その把握が容易な様式となっている。

　実例のうち，実例1（**表2-1-1**）と実例2（**表2-1-2**）が，どちらかといえば中小事業者用であり，実例3（**表2-1-3**）が大規模事業者用であるが，すべての実例について，冒頭に「減価償却費」の欄が設けられている。トラック運送事業者にとって，トラックは，必要不可欠かつ高額，つまり質的にも量的にも重要な資産であり，これにかかわる減価償却費は，計算結果，さらには経

表 2-1-1　運送原価計算書の実例1

1カ月当たり 1台当たりの原価

費用		大型車
車両費	減価償却費（円）	
	自動車取得税（円）	
	自動車税（円）	
	自動車重量税（円）	
	車両費の合計（円）	
	自賠費保険（円）	
運行費	燃料費（円）	
	油脂費（円）	
	修理費（円）	
	タイヤチューブ費（円）	
	運行費の合計（円）	
	通行料（高速道路利用料他）（円）	
	ドライバー人件費（円）	
	一般管理費，施設使用料，任意保険，金融費用等（円）	
	その他諸費（円）	
	運送原価合計（円）	
	1カ月の運賃（円）	
	損益（円）	

（出所）全ト協（2014），9

表 2-1-2　運送原価計算書の実例2

	月額（円）		%	
Ⅰ　営業費用	《	》	《	》
(1)　運送費	【	】	【	】
①車両費	（	）	（	）
1）　減価償却費		円		%
2）　自動車関連諸税		円		%
リース料		円		%
②保険料	（	）	（	）
3）　自賠責保険		円		%
任意保険等		円		%
③燃料油脂費	（	）	（	）
4）　燃料費		円		%
5）　油脂費		円		%
④修繕費	（	）	（	）
6）　車検整備費		円		%
7）　一般修理費		円		%
8）　タイヤ・チューブ費		円		%
⑤人件費	（	）	（	）
9）　給与		円		%
10）　賞与（月額）		円		%
11）　法定福利費		円		%
退職金，その他		円		%
⑥その他	（	）	（	）
12）　車庫等の施設費		円		%
13）　その他の運送費		円		%
(2)　一般管理費	【	】	【	】
14）　人件費		円		%
15）　その他		円		%
Ⅱ　営業外費用	《	》	《	》
合計	_____		100%	

（出所）全ト協（2010），40

営判断に多大な影響を与える。このため，多くの識者が，「減価償却費」欄を
冒頭に設ける様式を考案，提示し，これが実務に定着した結果であると思わ
れる。

表 2-1-3　運送原価計算書の実例3

運送原価算出表

年　月　日

条件	・車両 ・運行コース ・月間走行距離　　　　km ・月間稼働日数				
	項目		算出式	月額（円）	構成比（%）
1 車両費	(1) 償却費				
	(2) 金利				
	(3) 自動車取得税				
	(4) 自動車税				
	(5) 自動車重量税				
	車両費計				
2 保険費	(1) 自動車損害賠償				
	(2) 自動車保険	①対人賠償			
		②対物賠償			
		③搭乗者障害			
		④車両			
	保険費計				
3 運行費	(1) 燃料費				
	(2) 油脂費				
	(3) 修繕費	①車両整備費			
		②一般修理費			
	(4) タイヤ・チューブ費				
	運行費計				
4 人件費	(1) 支払賃金				
	(2) 支払賞与				
	(3) 法定福利費	①健康保険料			
		②厚生年金保険料			
		③労災保険料			
		④雇用保険料			
		⑤法定福利費			
	(4) 福利厚生費				
	(5) 退職金引当金				
	人件費計				
5　事故費					
6 施設費	(1) 施設使用料				
	(2) 施設賦課税				
	施設費計				
7　その他諸費					
8　通行料					
運送費			1～8 の合計		
9　一般管理費			運送費×　　　%		
運送費合計			1～9 の合計		
10 営業利益			運送費合計×　　　%		
運送原価			1～10 の合計		
1運行当たりの運送原価					
走行キロあたりの運送原価					

（出所）ひので～す2004年2号（2004）

第 4 節　経営成績に及ぼす影響

1　トラック運送事業者の減価償却

　トラック運送業界において，中・大型トラックは，平均14.87年，2トン以下トラックは，平均11.92年間使用され続ける[5]。しかも，東南アジアの国々では，使用年数20年以上の日本からの輸出車両がなお走行しているといわれている。それにもかかわらず，財務会計の領域では，トラックの耐用年数を，国税庁の法定耐用年数表（『減価償却資産の耐用年数等に関する省令』）にもとづき，総排気量21超の中・大型トラック4年，2トン以下のトラック3年として減価償却計算が行われている場合が多い[6]。しかも，わが国の大半の法人は，当初の償却費が多額となる定率法を選択して減価償却費を算定している。

　これは，企業にとって税負担の軽重は最大の関心事の一つであることから，わが国の会計実務が，耐用年数に関しては，「理論上は，この省令に従わないで独自の耐用年数を用いることもできるのであるが，かかる場合には計上した減価償却費額が否認され，課税所得の計算が修正されるために，ほとんど省令を用いざるをえない」（新井，1980，136）との，また，償却方法に関しては，納税者である企業の側が当面の課税所得の減額を優先，企図するとの状況にあるためである。

　一方，運送原価計算書上，すなわちトラック運送事業者の費用計算にあっては，通常，トラックの耐用年数ついては，その使用実態をふまえて，1）車両代替時期の走行距離を推定して設定された耐用年数，2）実績耐用年数と法定耐用年数を平均した耐用年数など（以下，これらを「実用耐用年数」）が用いられ，償却方法についても，毎年の償却額に差が出ない定額法が推奨，選択されている。

　全ト協が会員向けて公開している『中小トラック運送事業者のためのITガイドブック及びITベスト事例集　1原価計算システム』にあっては，運送原

価算出表上の減価償却に関して，「税務会計金額をそのまま使用すると，車両ごとに大きな差が発生し，適正ではない場合もあるため，ここでは実使用期間で均等に割った金額を推奨するが，状況に応じて利用されたい。」と(5頁)，また同協会を通じて公表された株式会社運輸・物流研究室作成の『運送原価計算ワークシート』も，「償却月数として法定耐用年数4年（48ヵ月）を使用する場合，その月数で割った償却額は稼働当初，過大に算出されます。実際には4年を超えて車両を利用することが多く，実質的な償却額を算出するには，使用年数の実績や使用見込みから，例えば8年（96ヵ月）などで割る方法をとります。」との見解を示している（7頁）。運送原価計算は，前節でふれた目的を達成するために行われるものであり，ここにあっては税務会計を考慮する必要がないからである。

2　減価償却費の計算例

　トラック運送事業者の減価償却計算に関しては，上述のように，通常，財務会計の領域では，トラックの耐用年数について法定耐用年数が，償却方法について定率法が採用されている。また，運送原価算出表上では，トラックの耐用年数ついて実用耐用年数が，償却方法について定額法が選択されている。

　仮に，取得価額1,500万円の新車の総排気量2*l*超運送事業用中・大型トラック（以下，「新車トラック」）について，耐用年数を法定耐用年数の4年とし，定率法を適用して減価償却費を計算した場合（以下，「法定耐用年数・定率法適用の場合」），その結果は**計算例2-1-1**のようになる。

　これに対して，同じく取得価額1,500万円の新車トラックについて，耐用年数を実用耐用年数の8年とし，定額法を適用して減価償却費を計算した場合（以下，「実用耐用年数・定額法適用の場合」），その結果は**計算例2-1-2**のようになる。

　計算例2-1-1と**計算例2-1-2**とを比較すると，第1年度および第2年度に関しては，実用耐用年数・定額法適用の場合の減価償却費（償却限度額または

計算例 2-1-1　新車トラック（取得価額1,500万円）へ法定耐用年数・定率法適用の場合
定率法の償却率：0.5，保証率：0.12499，改定償却率：1.000　　　　　　（単位：円）

年数	1	2	3	4
期首簿価	15,000,000	7,500,000	3,750,000	1,875,000
償却限度額 （調整前償却額）	7,500,000	3,750,000	1,875,000	937,500
償却保証額	1,874,850	1,874,850	1,874,850	1,874,850
改定取得価額 ×改定償却率				1,874,999
期末簿価	7,500,000	3,750,000	1,875,000	1

計算例 2-1-2　新車トラック（取得価額1,500万円）へ実用耐用年数・定額法適用の場合
定額法の償却率：0.125　各年の償却限度額 15,000,000 円×0.125＝1,875,000　（単位：円）

年数	1	2	3	4	5	6	7	8
期首簿価	15,000,000	13,125,000	11,250,000	9,375,000	7,500,000	5,625,000	3,750,000	1,875,000
償却限度額	1,875,000	1,875,000	1,875,000	1,875,000	1,875,000	1,875,000	1,875,000	1,874,999
期末簿価	13,125,000	11,250,000	9,375,000	7,500,000	5,625,000	3,750,000	1,875,000	1

改定取得価額×改定償却率。以下，同様）が法定耐用年数・定率法適用の場合適用の場合のそれを下回り，第4年度以降は，この関係が逆転しているが，その差額は，第1年度で△5,625,000円，第2年度で△1,875,000円，第4年度は1円，第5-7年度は1,875,000円，第8年度は1,874,999円である（表2-2-1④参照）。

　また，取得価額500万円の4年落ち総排気量2ℓ超運送事業用中・大型トラック（以下，「中古トラック」）について，法定耐用年数・定率法適用の場合の結果は，**計算例2-2-1**のようになり，実用耐用年数（4年）・定額法適用の場合の結果は，**計算例2-2-2**のようになる。両者を比較すると，第1年度に関しては，実用耐用年数・定額法適用の場合の減価償却費が法定耐用年数・定率法適用の場合の減価償却費を下回り，第2年度以降は，この関係が逆転するが，その差額は，第1年度で△3,749,999円，第2・3年度で1,250,000円，第4年度は1,249,999円である（**表2-2-2**④参照）。

計算例 2-2-1　中古トラック（取得価額 500 万円）へ法定耐用年数・定率法適用の場合

定率法の償却率：1.000，保証率：—，改定償却率：—

(単位：円)

年数	1	2
期首簿価	5,000,000	1
償却限度額 （調整前償却額）	4,999,999	0
償却保証額	—	—
改定取得価額 ×改定償却率	—	—
期末簿価	1	1

計算例 2-2-2　中古トラック（取得価額 500 万円）へ実用耐用年数・定額法適用の場合

定額法の償却率：0.250　各年の償却限度額 5,000,000 円×0.250＝1,250,000

(単位：円)

年数	1	2	3	4
期首簿価	5,000,000	3,750,000	2,500,000	1,250,000
償却限度額	1,250,000	1,250,000	1,250,000	1,249,999
期末簿価	3,750,000	2,500,000	1,250,000	1

3　計算例の帰結

　当然に，これらの差額は，各年の損益計算に相応の影響を与える。仮に取得価額 1,500 万円の新車トラック 1 台に関して，運送原価計算表から導かれた原価を前提として，1 年間の経常利益（想定経常利益）が 30 万円となるような運賃を算定した上で，荷主との値交渉に成功し，毎期継続的に想定通りの経営を行い，想定した利益 30 万円を実現できたとしても（表2-2-1②），損益計算書上の経常利益（実際経常利益）は，第 1 年度△5,325,000 円，第 2 年度△1,575,000 円，第 3 年度 300,000 円，第 4 年度 300,001 円，第 5-7 年度 2,175,000 円，第 8 年度 2,174,999 円となるはずである（同上⑤）。法定耐用年数・定率法の場合の減価償却費と実用耐用年数・定額法の場合の減価償却費の差に起因する想定経常利益と実際経常利益の乖離が生じるためである

表 2-2-1　新車トラック（取得価額 1,500 万円）1 台の減価償却費が損益計算に及ぼす影響

(単位：円)

	第 1 年度	第 2 年度	第 3 年度	第 4 年度	第 5 年度	第 6 年度	第 7 年度	第 8 年度
① 適正運賃を算定する際に計上された減価償却費（実際耐用年数・定額法，適用）	1,875,000	1,875,000	1,875,000	1,875,000	1,875,000	1,875,000	1,875,000	1,874,999
② 適正運賃を算定する際に想定された経常利益（想定経常利益）	300,000	300,000	300,000	300,000	300,000	300,000	300,000	300,000
③ 損益計算書に計上される減価償却費（法定耐用年数・定率法，適用）	7,500,000	3,750,000	1,875,000	1,874,999	—	—	—	—
④ 減価償却費の差（①-③）	△5,625,000	△1,875,000	0	1	1,875,000	1,875,000	1,875,000	1,874,999
⑤ 損益計算書上の経常利益（実際経常利益）	△5,325,000	△1,575,000	300,000	300,001	2,175,000	2,175,000	2,175,000	2,174,999
⑥ 減価償却費が損益計算に及ぼす影響（想定当期利益と実際経常利益の乖離）（⑤-②）	△5,625,000	△1,875,000	0	1	1,875,000	1,875,000	1,875,000	1,874,999

（同上⑥）。また，**表 2-2-2** に示すとおり，取得価額 500 万円の 4 年落ち中古トラック 1 台に関して，運送原価計算表から導かれた原価を前提として，1 年間の経常利益（想定経常利益）が 10 万円となるような運賃を算定した上で，荷主との値交渉に成功し，毎期継続的に想定通りの経営を行い，想定した利益 10 万円を実現できた際の損益計算書上の経常利益（実際経常利益）は，第 1 年度△3,649,999 円，第 2・3 年度 1,350,000 円，第 4 年度 1,349,999 円となる（**表 2-2-2**⑤）。

　取得価額 1,500 万円の新車トラック 1 台に対して生じる最大で 560 万円超の減価償却費に起因する想定経常利益と実際経常利益の乖離，あるいは取得価額 500 万円の中古トラックに対して生じる最大で 370 万円超の当該乖離をどのように感じるかについては個人差があると思われるが，少なくとも無視できる金額ではない。例えば，取得価額 1,500 万円の新車トラック 1 台と取得価額 500 万円の 4 年落ち中古トラック 4 台を保有する新規開業トラック運

表 2-2-2 中古トラック（取得価額 500 万円）1 台の減価償却費が損益計算に及ぼす影響

（単位：円）

	第1年度	第2年度	第3年度	第4年度
① 適正運賃を算定する際に計上された減価償却費（実際耐用年数・定額法，適用）	1,250,000	1,250,000	1,250,000	1,249,999
② 適正運賃を算定する際に想定された経常利益（想定経常利益）	100,000	100,000	100,000	100,000
③ 損益計算書に計上される減価償却費（法定耐用年数・定率法，適用）	4,999,999	—	—	—
④ 減価償却費の差（①−③）	△ 3,749,999	1,250,000	1,250,000	1,249,999
⑤ 損益計算書上の経常利益（実際経常利益）	△ 3,649,999	1,350,000	1,350,000	1,349,999
⑥ 減価償却費が損益計算に及ぼす影響（想定経常利益と実際経常利益の乖離）（⑤−②）	△ 3,749,999	1,250,000	1,250,000	1,249,999

送事業者が，運送原価計算表から導かれた原価を前提として，取得価額1,500 万円の新車トラック 1 台当たりの想定経常利益が 30 万円，取得価額500 万円の 4 年落ち中古トラック 1 台当たりのそれが 10 万円となるように運賃を算定した上で，荷主との値交渉に成功し，毎期継続的に想定通りの経営を行い，想定した利益 70 万円（（30 万円×1 台）+（10 万円×4 台））を実現できたとしても，損益計算書上の経常利益は，第 1 年度△ 19,924,996 円（（△5,325,000×1 台）+（△3,649,999×4 台）），第 2 年度△ 3,825,000 円（（△1,575,000×1 台）+（1,350,000×4 台）），第 3 年度△ 5,700,000 円（（300,000×1 台）+（1,350,000×4 台）），第 4 度 5,699,997 円（（300,001×1 台）+1,349,999×4 台））となる。また，全ト協（2018b）によれば，一般貨物運送事業者の経常利益の平均値は，2014年度（平成 26 年度）△ 428 千円，2015 年度（同 27 年度）366 千円，2016 年度（同28 年度）1,931 千円にとどまり（5 頁），車両規模 10 台以下を対象とした当該値も，2014 年度（平成 26 年度）△ 494 千円，2015 年度（同 27 年度）△ 50 千円，2016 年度（同 28 年度）452 千円にすぎない（6 頁）。560 万超という値は，車両規模 10 台以下の一般貨物運送事業者の平成 28 年度経常利益平均値 452 千円の実に 12 倍超である。

　もちろん，耐用年数と償却方法の差異がトラック運送業者の経営成績に及ぼす影響は，トラックの新規購入の動向に左右されるものであり，毎期継続的あるいは定期・計画的にトラックが購入されるような場合にあっては，その動向に応じて小さくなる。この意味において，当該影響は，一般に，財務基盤が脆弱で定期・計画的にトラックの更新を行うことが困難な中小規模のトラック運送事業者にあらわれやすい。

　最後に，以上に提起した問題が，トラック運送業界に，自らが適正運賃として提示した金額で仕事を請負っているにもかかわらず，公開ならびに金融機関提出用財務諸表（損益計算書）上の利益が巨額の赤字，あるいは黒字となる事態を，荷主・金融機関・出資者等の利害関係者に，どのように説明すればよいのかという看過できない問いを投げかけることを忘れてはならない。もちろん，これについては，キャッシュフロー計算書という利害関係者への説明の一助となる財務表が存する。しかし，これを作成，公開している中小企業は，多くはない。先述したように，国交省は，近年，トラック運送事業者に，運送原価算出表を用いて適正な運賃を算定し，これを荷主との交渉の場で積極的に活用することを強く推奨しているが，このような課題が存することを行政の側が認識しているのか否かは不明である。

第 5 節　事業規模拡大・資金繰りに及ぼす影響

1　トラック運送事業者と自己金融効果

　トラック運送事業者の減価償却計算に関する耐用年数と償却方法にかかわる差異が経営に及ぼす影響は，これを減価償却の自己金融効果の側面から考察することにより，さらに鮮明となる。

　1994 年（平成 6 年）に発刊された伊藤邦雄教授の『ゼミナール現代会計入門』は，9 版を重ねた後，『新・現代会計学入門』と改名され，今日もなお刊行され続けている商・経営学部等の学生，商学研究科・経営学研究科等の大学院生，さらには実務家・専門家等向けの代表的な会計学テキストの 1 つで

資料 2-4　伊藤（2014）の例題

　センタープレイン社は，1 台 200 万円のトラックを 10 台購入したとする。このトラック
の耐用年数は 4 年である。減価償却は定額法によって行う。なお，以上に加えて次の条件
を設けることにする。
　①減価償却費は毎期，現金で再投資される
　②再投資先は同種のトラックで，その価格は常に 200 万円とする

減価償却と再投資の図表　　　　　　　　　　　　　　　　　　　　　　　　　　（単位：万円）

年度	新規取得台数	期中稼働台数	減価償却費	投資可能資金	再投資額	内部留保
1	10	10	500	500	400	100
2	2	12	600	700	600	100
3	3	15	750	850	800	50
4	4	19	950	1,000	1,000	0

（出所）伊藤（2014），361-362

ある。ここでは，減価償却の自己金融効果が，一貫して**資料 2-4** に示すよう
にトラックを用いた設例で説明され，これについて，「このようしてセンター
プレイン社では，外部資金を投入することなく，第 4 年度までに 9 台の中古
トラックを追加することができた。もっともこの例は，①減価償却費はすべ
て現金で再投資される，②トラックの価格は不変であるという 2 つの条件の
もとでのストーリーである。したがって，実際には必ずしもこの例のように
はいかないかもしれない。しかし理論上，減価償却は，企業規模の拡大を可
能にする自己金融能力を持っているのである。」とのコメントが加えられてい
る（伊藤，2014，362）。

　減価償却の自己金融効果については，中村（1998）も，「このような効果が
実現するためには，次のような前提が必要であり，これらの中には現実的で
ないものが含まれている。(1) 減価償却額は毎年必ず現金で再投資されなけ
ればならない。(2) 再投資は同じ新機械で，しかもその価額は不変でなけれ
ばならない。(3) 設備能力の増大に伴い生産量がふえても，その製品の販売
可能性は考慮外とする。したがって，ローマン・ルフチ効果は一つの理論的
モデルであって，現実性に乏しいという批判を免れないのである。」との見解
を述べている（95 頁）。トラック運送業に関していえば，上記 (2) の前提に

対しては，トラックの価格水準は激変することはないものの年々上昇を続けているとの現実をふまえる必要がある。しかしながら，上記（3）の前提に対しては，製品の在庫自体が発生せず，かつ，地域差は大きいものと考えられるが，いわゆる多重（下請け）構造の下，運賃水準・利益率等を犠牲とすれば，すべての増車されたトラックを稼働させ続けることが比較的容易であるという業態を論拠として，相応の適合性を主張できる。すなわち，トラック運送業は，減価償却の自己金融効果が発現しやすい業種といえる。特にことわられてはいないが，伊藤（2014）の例題も，このような事情をふまえ，トラック運送事業者を念頭において示されたものであると思われる。

2　事業規模拡大に及ぼす影響の設例

　資料 2-4 伊藤（2014）の例題の条件を，**設例 2-1-1** のように，全額自己資金で取得価額 1500 万円の新車トラック 1 台と取得価額 500 万円の中古トラック 4 台を購入して事業を開始し，減価償却計算に関しては法定耐用年数・定率法を適用すると，より実践的に変えた上で，その自己金融効果の結果を示したものが，**表 2-3-1** である。また，これと対比するために，当該条件を一部変更し，減価償却計算に関して実用耐用年数・定率法が適用された場合とした設例が **2-1-2** であり，その結果を示したものが**表 2-3-2** である。

【設例 2-1-1】

　X 社は，全額自己資金で，取得価額 1500 万円の新車トラック 1 台と取得価額 500 万円の中古トラック 4 台を購入して事業を開始した。新車トラック，中古トラックともに耐用年数を法定耐用年数（新車トラック 4 年，中古トラック 2 年）とし，定率法によって減価償却を行う。また，減価償却費相当額は，毎期，トラックの購入に再投資され，その取得価額は常に新車トラック 1500 万円，中古トラック 500 万円とし，通常は中古トラックを，4 年に 1 度，新車トラックを必ず購入するものとする。なお，新車トラックは 8 年，中古トラックは 4 年間使用される。

表 2-3-1 法定耐用年数・定率法適用の場合の事業規模拡大にかかわる自己金融効果

(単位：円)

年度	新規取得台数	期中稼働台数	減価償却費	投資可能資金	再投資額	内部留保
1	新車1台＋中古4台	新車1台＋中古4台	27,499,996	27,499,996	25,000,000	2,499,996
2	新車0台＋中古5台	新車1台＋中古9台	28,749,995	31,249,991	30,000,000	1,249,991
3	新車0台＋中古6台	新車1台＋中古15台	31,874,994	33,124,985	30,000,000	3,124,985
4	新車0台＋中古6台	新車1台＋中古21台	31,874,993	34,999,978	30,000,000	4,999,978
5	新車1台＋中古3台	新車2台＋中古20台	22,499,997	27,499,975	25,000,000	2,499,975
6	新車0台＋中古5台	新車2台＋中古20台	28,749,995	31,249,970	30,000,000	1,249,970
7	新車0台＋中古6台	新車2台＋中古20台	31,874,994	33,124,964	30,000,000	3,124,964
8	新車0台＋中古6台	新車2台＋中古20台	31,974,993	34,999,957	30,000,000	4,999,957

【設例 2-1-2】

　Y社は，全額自己資金で，取得価額1500万円の新車トラック1台と取得価額500万円の中古トラック4台を購入して事業を開始した。新車トラック，中古トラックともに耐用年数を実用耐用年数（新車トラック8年，中古トラック4年）とし，定額法によって減価償却を行う。また，減価償却費相当額は，毎期，トラックの購入に再投資され，その取得価額は常に新車トラック1500万円，中古トラック500万円とし，通常は中古トラックを，4年に1度，新車トラックを必ず購入するものとする。なお，新車トラックは8年，中古トラックは4年間使用される。

表 2-3-2 実用耐用年数・定額法適用の場合の事業規模拡大にかかわる自己金融効果

(単位：円)

年度	新規取得台数	期中稼働台数	減価償却費	投資可能資金	再投資額	内部留保
1	新車1台＋中古4台	新車1台＋中古4台	6,875,000	6,875,000	5,000,000	1,875,000
2	新車0台＋中古1台	新車1台＋中古5台	8,125,000	10,000,000	10,000,000	0
3	新車0台＋中古2台	新車1台＋中古7台	10,625,000	10,625,000	5,000,000	5,625,000
4	新車0台＋中古1台	新車1台＋中古8台	11,874,996	17,499,996	10,000,000	2,499,996
5	新車1台＋中古0台	新車2台＋中古4台	8,749,999	11,249,995	10,000,000	1,249,995
6	新車0台＋中古2台	新車2台＋中古5台	9,999,998	11,249,993	10,000,000	1,249,993
7	新車0台＋中古2台	新車2台＋中古5台	9,999,999	11,249,992	5,000,000	6,249,992
8	新車0台＋中古1台	新車2台＋中古5台	9,999,999	16,249,991	15,000,000	1,249,991

3　資金繰りに及ぼす影響の設例

　実務をさらに考慮して，**設例 2-2-1** のように，トラック購入費用の全額を借入金でまかなって事業を開始し，減価償却費相当額が，毎期，借入金の返済に充てられるという条件の下で，法定耐用年数・定率法が適用された場合の自己金融効果を示したものが**表 2-4-1** である。また，これと対比するために，条件を一部変更し，実用耐用年数・定額法が適用された場合とした設例が **2-2-2** であり，その結果を示したものが**表 2-4-2** である。

【設例 2-2-1】

　X' 社は，全額借入金（借入金総額 3500 万円）で，取得価額 1500 万円の新車トラック 1 台と取得価額 500 万円の中古トラック 4 台を購入して事業を開始した。新車トラック，中古トラックともに耐用年数を法定耐用年数（新車トラック 4 年，中古トラック 2 年）とし，定率法によって減価償却を行う。また，減価償却費相当額は，毎期，全額，借入金の返済に充てられるものとする。なお，新車トラックは 8 年，中古トラックは 4 年間使用される。

表 2-4-1　法定耐用年数・定率法適用の場合の資金繰りにかかわる自己金融効果

（単位：円）

年度	新規取得台数	期中稼働台数	減価償却費 （借入金返済額）	借入金返済 累計額	借入金残高
1	新車 1 台＋中古 4 台	新車 1 台＋中古 4 台	27,499,996	27,499,996	7,500,004
2	0	新車 1 台＋中古 4 台	3,750,000	31,249,996	3,750,004
3	0	新車 1 台＋中古 4 台	1,875,000	33,124,996	1,875,004
4	0	新車 1 台＋中古 4 台	1,874,999	34,999,995	5
5	0	新車 1 台＋中古 0 台	0	34,999,995	5
6	0	新車 1 台＋中古 0 台	0	34,999,995	5
7	0	新車 1 台＋中古 0 台	0	34,999,995	5
8	0	新車 1 台＋中古 0 台	0	34,999,995	5

【設例 2-2-2】

　Y'社は，全額借入金（借入金総額3500万円）で，取得価額1500万円の新車トラック1台と取得価額500万円の中古トラック4台を購入して事業を開始した。新車トラック，中古トラックともに耐用年数を実用耐用年数（新車トラック8年，中古トラック4年）とし，定額法によって減価償却を行う。また，減価償却費相当額は，毎期，全額，借入金の返済に充てられるものとする。なお，新車トラックは8年，中古トラックは4年間使用される。

表 2-4-2　実用耐用年数・定額法適用の場合の資金繰りにかかわる自己金融効果

(単位：円)

年度	新規取得台数	期中稼働台数	減価償却費 （借入金返済額）	借入金返済 累計額	借入金残高
1	新車1台＋中古4台	新車1台＋中古4台	6,875,000	6,875,000	28,125,000
2	0	新車1台＋中古4台	6,875,000	13,750,000	21,250,000
3	0	新車1台＋中古4台	6,875,000	20,625,000	14,375,000
4	0	新車1台＋中古4台	6,874,996	27,499,996	7,500,004
5	0	新車1台＋中古0台	1,875,000	29,374,996	5,625,004
6	0	新車1台＋中古0台	1,875,000	31,249,996	3,750,004
7	0	新車1台＋中古0台	1,875,000	33,124,996	1,875,004
8	0	新車1台＋中古0台	1,874,999	34,999,995	5

4　設例の帰結

　以上により，トラックの減価償却計算について，法定耐用年数・定率法を適用した場合と実用耐用年数・定額法を適用した場合の乖離が，減価償却の自己金融効果と結びつき，次のような状況が生じやすいことが明らかとなった。

①　減価償却費相当額の資金が確保された場合，運送原価算出表を用いて算定された運賃によって（実用耐用年数・定額法が適用された際に）想定される企業規模の拡大は**表2-3-2**のようなものであるが，**表2-3-1**に示すように，

法定耐用年数・定率法が適用される財務会計上の計算では，これを超える急激な企業規模の拡大が可能となる（両表の期中稼働台数の差は，中古トラックについて第5年度5倍，第6-7年度4倍となっている。）。

② 　トラック購入資金の全額を銀行等から借入れて営業を開始したとしても，減価償却費相当額の資金の流入が確保された場合，運送原価算出表を用いて算定された運賃によって（実用耐用年数・定額法が適用された際に）想定される返済状況は**表2-4-2**のようなものであるが，**表2-4-1**に示すように，法定耐用年数・定率法が適用される財務会計上の計算では，初年度に多額の借入金を返済することが可能である（**表2-4-1**にあっては，借入金総額の実に80％近くとなっている。）。

さらに，①および②の結果は，トラック運送業者については，1) 損益計算書上の最終利益が赤字であっても，企業規模の拡大を図らなければ，長期にわたって企業を継続することができる，2) 運送原価算出表を用いた適正な運賃を下回る額で仕事を請負ったとしても，黒字経営や企業規模の拡大を行うことが可能である，3) 全額借入金で起業し，かつ適正運賃を下回る額で仕事を請負ったとしても，企業規模の拡大を図ることができる，などの可能性を示唆するものでもある。

トラック運送事業者，とりわけ中小規模のトラック運送事業者は，以上のようなトラックの減価償却計算が企業規模拡大，資金繰り，起業，事業継続などの様々な局面に与える影響を十分に考慮して，意思決定を行う必要がある。

第6節　考察と提言

1　申告調整および税効果会計適用の適否

前節で指摘したトラックの減価償却計算にかかわるトラック運送事業者の経営上の問題については，仮に法人税法が減価償却費計算に付している損金

経理要件を解除する，あるいはトラック運送事業者の保有する事業用車両に関して，所定の減価償却資産を取得し，これを事業の用に供した場合の措置として耐用年数の乖離および償却法の乖離に相当する金額の認容・超過償却を認めるといった特別な規定が設けられれば，いわゆる申告調整を用いて対処することが可能である。計算技術上は，財務会計において，実用耐用年数と定額法によって算定された減価償却費を計上し，これと法定耐用年数と定率法によって算定された減価償却費との差額を「別表四　所得の計算に関する明細書」（以下，「別表4」）において調整する技法が想定されるからである。また，申告調整を行った結果として，損益計算書上の税引前当期純利益と税金費用が対応しなくなるという状況については，税効果会計の適用が考えられる。このような対応策は，何よりも，先にふれた，なぜ，自らが適正運賃として提示した金額で仕事を請負っているにもかかわらず，公開あるいは金融機関に提出される財務諸表（損益計算書）上の利益が巨額の赤字，あるいは黒字となるのかという，荷主・債権者等が抱く疑念に対しては，有益な情報を提供するものと思われる。

　わが国法人税法が採る，ある種の収益および費用について，これを確定した決算において所定の要件を充たす経理が行われている場合には，課税所得計算の要素である益金または損金として認め，その経理が行われていない場合には，当該計算に含めないとする方針を，一般に，確定決算基準と呼ぶ。そして，第2節第5項でふれた税務上の減価償却計算は，この典型といえるものである。

　確定決算基準に関しては，従前より，企業会計の側から，"税法の不当介入"との批判が根強い。また，法人税法の側も，1998年（平成10年）度税制改革で，「法人税の課税所得は，今後とも商法・企業会計原則に則った会計処理に基づいて算定することを基本としつつも，適正な課税を行う観点から，必要に応じ，商法・企業会計原則における会計処理と異なった取扱いとすることが適切と考える。」との見解を示し（税制調査会，1996，24），商法ならびに企業会計原則との関係を「ハネムーン」から「セパレート」へと移行させる

方向性を明らかにしている（山本, 1998, 14）。バブル崩壊後の1996年より実施された金融ビッグバンの一環と位置づけられる抜本的な会計基準の改革（会計ビッグバン）後，金融商品取引法（旧，証券取引法），会社法（旧，商法）および税法（法人税法）の3つの会計領域が密接に結びついているがゆえに"トライアングル体制"とも称されてきた，わが国の会計制度は，変貌しつつある。

　しかしながら，確定決算基準は，わが国税務行政の伝統的な基本方針であり，現段階で，減価償却計算について，この基準が放棄されることは，到底考えられない。戦略としては，トラック運送事業がわが国の物流を支えているという現況を世論に訴え，当該事業者を対象とした減価償却計算にかかわる特別な措置を要求すべきであろうが，これについても，一般論として，社会的合意が形成され，特別な措置が講じられるまでには長い時間を要すると言わざるを得ない。また，仮に上記のいずれかの途が開け，トラック運送事業者がかかえる減価償却計算に起因する諸問題について，申告調整，さらには税効果会計による対応が可能になったとしても，実質的にトラック運送事業者に対してのみ煩雑な申告調整，さらには税効果会計の適用を強制するような方策は，不公平との批判をまぬがれない。特に，この問題の影響が深刻と推察される中小トラック運送事業者にとっては，受け入れがたいものと思われる。なぜなら，今日，大半の中小トラック運送事業者は，厳しい経営環境に置かれており，収益に直結しない経理部門に金と時間を割く余裕はない。

2　トラックの法定耐用年数の適否

　そこで，より効果的な対応策として，トラック運送事業者用のトラック（運送事業者用貨物自動車）の法定耐用年数の延長を提言したい。

　トラック運送事業者のトラックにかかわる減価償却計算に関しては，その法定耐用年数が実用耐用年数に近づけば，法定耐用年数にもとづいて算定される減価償却費と実用耐用年数にもとづいて算定される減価償却費の年度毎の差は小さくなる。また，耐用年数そのものが長くなれば，これに応じて定

率法から導かれる減価償却費と定額法から導かれる減価償却費の年度毎の差も小さくなる。換言すれば，トラック運送事業者のトラックの法定耐用年数の延長は，耐用年数の差異が経営に及ぼす影響に対しても，また償却方法の差異が経営に及ぼす影響に対しても，軽減効果を有しており，この意味で，二重の効果が期待できる策なのである。

　わが国では，1918年（大正7年）7月19日付主秘第177号主税局長通牒『固定資産ノ減価償却及時価評価損否認取扱方ノ件』により，はじめて減価償却計算の取扱いとともに個々の資産の耐用年数（当時は，「堪久年数」）が明確に規定された（武田b，6801）。表2-5は，これ以降のわが国税法における車両及び運搬具の耐用年数の変遷を示したものである。この図からも明らかなように，1978年（昭和53年）以降，車両及び運搬具の法定耐用年数は，まったく修正されていない。すなわち，これについては，近年の技術革新の成果が反映された値となっていないといってよい。

　法定耐用年数に関しては，「必ずしもある資産が何年もつかということを定めているものではなくて，結局は，法定耐用年数によって償却を続けていった場合にはいわゆる資本の喰つぶしが行われてないと予定される償却率を示しているのである。」，あるいは「単に税法上定められている耐用年数の長短のみを論ずることは問題であって，むしろ償却率が適正かどうかについて関心を持つべきである。」との主張が存する（武田，1985，139）。また，現在の耐用年数は，1951年（昭和26年）の全面改正の結果を基礎としているが，当該改正時の耐用年数の算定にあたっての基本的な考え方を解説した『固定資産の耐用年数の算定方式』には，「耐用年数は，減価償却計算における償却率の基礎となるものであることが本来の使命であることにかんがみ，物の寿命というような通俗的な考えかたばかりでなく，所得の適性把握の目的手段であることを明らかにするため，」との記述もみられる（武田b，6843-6844）。

　しかしながら，今日の車両運搬具は，まさに革命的な最新技術と最新素材の複合体であり，ハイブリッド車・水素自動車等が実用化されているとの現実をふまえたとき，中・大型トラック4年，2トン以下トラック3年という

表 2-5 車両及び運搬具の法定耐用年数変遷

改正年	種類	構造 または用途	細目	備考	耐用年数 (堪久年数)	摘要
1937 年 (昭和 12 年)	自動車	定期乗合，タ クシー貸切用 貨物用 自家用			3 年 4 年 4 年	新設
1942 年 (昭和 17 年)	車輌運搬 具		自動車及び自動自転車 其の他	自動車運輸業用 を除く。 特掲したる事業 用を除く。自動 車運輸業用	4 年 6 年	修正
1947 年 (昭和 22 年)	車りよう 及び運搬 具		自動車及び自動自転車 その他	鉄道及び軌道業 用及び自動車運 輸業用を除く。 鉄道及び軌道業 用を除く。	6 年 8 年	修正
1951 年 (昭和 26 年)	車りよう 及び運搬 具	自動車	運送事業用のもの 　貨物自動車 　乗合自動車 　乗用自動車 　　ハイヤー 　　タクシー 　三輪車 　　貨物自動車 　　乗用自動車		 5 年 5 年 5 年 4 年 4 年 3 年	修正
			霊きゆう車，撒水車その他特殊の用途に 使用する自動車		5 年	
			その他 　貨物自動車 　乗合自動車 　乗用自動車 　三輪車 　　貨物自動車 　　乗用自動車	鉱業，土石採取 業及び土木事業 用の貨物自動車 は，5 年とする。	 6 年 6 年 6 年 5 年 4 年	
1952 年 (昭和 27 年)	車りよう 及び運搬 具	二輪自動車			6 年	追加
1953 年 (昭和 28 年)	車りよう 及び運搬 具	自動車	運送事業用のもの 　三輪車 　乗用自動車 　　ハイヤー 　　タクシー その他 　乗用自動車	日刊新聞事業用 の乗用自動車 は，5 年とする。	 3 年 2 年 6 年	部分 修正

表 2-5　車両及び運搬具の法定耐用年数変遷（つづき）

改正年	種類	構造 または用途	細目	備考	耐用年数 （堪久年数）	摘要
1955 年 （昭和30 年）	車りよう 及び運搬 具	自動車	運送事業用のもの 　乗用自動車 　　ハイヤー 　　　小型自動車 　　　その他 　　タクシー 　　　小型車 　　　その他		 4 年 5 年 3 年 4 年	部分 修正
1957 年 （昭和32 年）	車りよう 及び運搬 具	自動車	運送事業用のもの 　貨物自動車	路線貨物自動車 運送業事業用の 貨物自動車で軽 油を燃料とする ものについて は、4年とする。	4 年	追加
1961 年 （昭和36 年）	車両及び 運搬具	特殊自動車	消防車、救急者、寝台車、レントゲン車、霊きゅう車、ふん尿車、じんかい車、散水車、放送宣伝車、タンク車その他これらに類するもの 　運送事業用のもの 　　小型車（総排気量が2リットル以下のものをいう。） 　　その他のもの 　　　軽油使用のもの 　　　その他のもの 　　その他のもの ロードローラー、タイヤローラー、ロードスタビライザー、タイヤドーザー、グレーダー、モータースクレーパー他		 3 年 4 年 5 年 5 年 5 年	修正 （一部 省略）
		運送事業用又は都道府県公安委員会の指定を受けた自動車教習所用の車両及び運搬具（前掲のものを除く。）	貨物自動車（三輪車を除く。） 　小型車（積載量が2トン以下のものをいう。） 　その他のもの 　　軽油使用のもの 　　その他のもの 乗合自動車 乗用自動車（三輪車を除く。） 　タクシー 　　小型車（総排気量が2リットル以下のものをいう。） 　　その他のもの 　ハイヤーその他のもの 　　小型車（総排気量が2リットル以下のものをいう。） 　　　総排気量が0.5リットル以下のもの 　　　その他のもの 　　その他のもの 　自動三輪車 　自動二輪車 　　総排気量が0.125リットル以下のもの 　　その他のもの		 3 年 4 年 5 年 5 年 3 年 4 年 3 年 4 年 5 年 3 年 3 年 4 年	

表 2-5　車両及び運搬具の法定耐用年数変遷（つづき）

改正年	種類	構造または用途	細目	備考	耐用年数（堪久年数）	摘要
		前掲のもの以外のもの	貨物自動車（三輪車を除く。）			
			総排気量が0.5リットル以下のもの		3年	
			その他のもの			
			鉱業，土石採取業又は土木事業用のもの。		5年	
			その他のもの		6年	
			乗合自動車			
			乗用自動車（三輪車を除く。）			
			総排気量が0.5リットル以下のもので，外交用又は報道通信事業用のもの		3年	
			報道通信事業用のもの（総排気量が0.5リットル以下のものを除く。）		5年	
			その他のもの		6年	
			貨物三輪自動車			
			総排気量が0.5リットル以下のもの		3年	
			その他のもの		4年	
			乗用三輪自動車		4年	
			自動二輪車			
			総排気量が0.125リットル以下のもの		3年	
			その他のもの		5年	
1964年（昭和39年）	車両及び運搬具	特殊自動車（この項には，別表2第334号の自走式作業用機械を含まない。）	消防車，救急者，レントゲン車，散水車，放送宣伝車，移動無線車及びチップ製造車		5年	修正（一部省略）
			フォークリフト，モータースィーパー，農耕作業用けん引車及び除雪車		4年	
			タンク車，じんかい車，し尿車，寝台車，霊きゅう車，トラックミキサー，レッカーその他特殊車体を架装したもの			
			小型車（総排気量が2リットル以下のものをいう。）		3年	
			その他のもの		4年	
		運送事業用，貨物事業用又は自動車教習所用の車両及び運搬具（前掲のものを除く。）	自動車（二輪又は三輪自動車を含み，乗合自動車を除く。）			
			小型車（総排気量が2リットル以下のものをいう。）		3年	
			その他のもの			
			大型乗用車（総排気量が3リットル以上のものをいう。）		5年	
			その他のもの		4年	
			乗合自動車		5年	
		前掲のもの以外のもの	自動車（二輪又は三輪自動車を除く。）			
			小型車（総排気量が0.5リットル以下のものをいう。）		3年	
			その他のもの			
			貨物自動車			
			ダンプ式のもの		4年	
			その他のもの		5年	
			報道通信用のもの		5年	
			その他のもの		6年	
			二輪又は三輪自動車		3年	

表 2-5　車両及び運搬具の法定耐用年数変遷（つづき）

改正年	種類	構造 または用途	細目	備考	耐用年数 （堪久年数）	摘要
1973年 （昭和48 年）	車両及び 運搬具	特殊自動車 （この項には， 別表2第334 号の自走式作 業機械を含ま ない。）		耐用年数4年と 定められていた 「農耕作業用け ん引車」を削除 する。		部分 修正
1974年 （昭和49 年）	車両及び 運搬具	運送事業用， 貨物事業用又 は自動車教習 所用の車両及 び運搬具（前 掲のものを除 く。）	自動車（2輪又は3輪自動車を含み，乗 合自動車を除く。） 　小型車（貨物自動車にあっては積載量 が2トン以下，その他のものにあって は総排気量が2リットル以下のものを いう。）		3年	部分 修正
1975年 （昭和50 年）	車両及び 運搬具	特殊自動車 （この項には， 別表2第334 号の自走式作 業機械を含ま ない。）		じんかい車，し 尿車のうち， 「積載量2トン 以下で総排気量 が2リットル超 のもの」につい ては，3年とす る。	3年	部分 修正
1978年 （昭和53 年）	車両及び 運搬具	前掲のもの以 外のもの	自動車（二輪又は三輪自動車を除く。） 　小型車（総排気量が0.55リットル以下 のものをいう。）		3年	部分 修正

（出所）武田b，6801-7125より作成

　法定耐用年数は，あまりにも短い。

　トラックの法定耐用年数については，岐阜地域の荷主とトラック運送事業者を対象として2015年（平成27年）に行った実態調査においても，かなりの数（複数回答方式で，19.3%，26事業者）のトラック運送事業者が「費用計算の主要な要素である減価償却費に疑念があり，車両等の法定耐用年数を真にその性能を反映するものへと改める必要がある」と回答し，その見直しを求めている[7]。

　もちろん，トラックの法定耐用年数の見直しについても，これに関しての社会的合意が形成され，法令が改正されるまでには，多大な労力と相応の時間が必要とされるものと思われる。また，通常，経常的に黒字を計上している事業者等にとって，現行法定耐用年数の延長は当面の税負担の増大を，短縮はその軽減をもたらす。それゆえ，現行法定耐用年数の維持・短縮を主張

するトラック運送事業者も存するものと考えられる。さらに，政策的な見地からも議論をはじめ，これを深めていかなければならない。しかし，トラック運送業者の減価償却計算が経営に与える影響は看過できるほど小さなものではない。税制改正要望等を通じて，粘り強く業界の意思を発信していく活動を続ける価値はあると考えられる。

3　標準的運賃告示制度と中小トラック運送事業者

　トラック運送事業者の運送原価計算については，本稿が見える化を企図した減価償却計算にかかわる問題点の他にも，1）帰り荷の確保，2）下請運送事業者（傭車）の利用，3）荷主の都合による積み降ろし時の車両留置時間（手待ち時間），4）有料道路の利用などの勘と経験が物をいう業界独特の事象を，どのように貨幣価値に換算して，原価計算に組み込むべきであるのかという大きな課題が存する。そして，このような事情が，トラック運送事業者の原価計算に関して，有用な算出方法・活用方法等の開発・普及を遅らせているものと思われる。

　おそらく，相応の計算能力と経験値の蓄積のある大規模トラック運送事業者にあっても，自社独自の高水準な運送原価計算システムといったようなものは確立されていないはずである。また，仮に確立されていたとしても，これが絶対的な答を算出できるとは考えられておらず，認可制の時代に，運輸省あるいは国交省が作成・公表していた料金表（タリフ），具体的には，最終の料金表である1999年（平成11年）の基準運賃や1990年（平成2年）の認可運賃などが運賃決定の際の基礎資料あるいは叩き台として使用され続けているはずである。

　したがって，真に適正な運賃を導く運送原価計算の方法がすでに確立されていることを前提とした現行行政は，計算能力と情報の蓄積に乏しい中小トラック運送事業者にとって，あまりにも酷と言わざるを得ない。この意味においては，2018年（平成30年）12月14日に公布された改正貨物自動車運送事業法（貨物自動車運送事業法の一部を改正する法律）における標準的な運賃を定め，

告示する旨の規定を評価したい。

　上記の標準的運賃告示制度が，現状を改善するための唯一の方策ではない。しかしながら，仮に，かつての料金表に，1）地域ごとの人件費・物価等の格差を織り込む，2）帰り荷がある場合とない場合の区別をする，などの修正を加えた各地域別の最低運賃料金表が，いわゆる行政のお墨付きのある資料として作成・公表されれば，特に中小トラック運送事業者にとっては，有効かつ即効性を有した改善策となるはずである[8]。

注

1）齊藤（2004）44-47・全ト協（2010）1等を参照。また，トラック運送事業者数の推移にかかわる数値については，全ト協（2018a）13を参照。
2）本研究の一部は，小畠（2021）を基礎としている。
3）**参考資料2-2-1** および **2-2-2** と同様に，取得価額100万円，耐用年数10年の減価償却資産を，便宜上，1年間事業に使用すると仮定して償却費を計算している。
4）本調査は，全ト協の会員の中から，車両台数および都道府県の2つの視点について，わが国全体のトラック事業者とほぼ同様の構成比率となるように抽出された者を対象とした，以下のような大規模な実態調査である（国交省自動車局貨物課・全ト協，2011，2）。
　1．目的
　　今後のトラック産業のあり方の検討に向けた基礎資料として，トラック運送事業者の実態および運賃・原価に関するデータを収集する。
　2．調査対象
　　トラック運送事業者8,001事業者。調査票を配布した地域および事業者の車両台数の構成は**表2-6**のとおり。

表 2-6　調査票配布事業者数の一覧

		計	北海道	東北	北陸信越	関東	中部	近畿	中国	四国	九州	沖縄
	計	8,001	492	590	383	2,505	944	1,289	558	303	782	126
	5両未満	570	34	42	27	163	67	92	42	22	58	9
調査対象数	5〜10両	3,708	232	270	177	1,170	437	596	270	140	364	57
	11〜15両	925	55	70	48	290	110	150	55	35	90	15
	16〜20両	925	55	70	45	290	110	150	65	35	90	15
	21〜25両	392	24	29	15	124	46	63	28	15	36	6
	26〜30両	392	24	29	19	124	46	63	28	15	38	6
	31両以上	1,089	68	80	52	344	128	175	70	41	106	18

　3．回収数
　　2,412 事業者（回収率 30.1%）
　4．調査期間
　　平成 22 年 11 月〜12 月
　5．調査方法
　　郵送法にて配布・回収を実施
　6．集計方法
　　各事業者の営業所の保有車両台数にもとづき，5 両ごとにグループ化して集計

5）全ト協『トラック早分かり』（http://www.jta.or.jp/coho/hayawakari/14.sonota.
html, 2021/6/13）参照。

6）総排気量 2 *l* 超の運送事業用中・大型トラックについては，ウェブ上で，新車の
法定耐用年数を 5 年と主張する説も散見されるが，正しくは 4 年である。詳しくは，
日本物流学会第 37 回全国大会（専修大学）自由論題報告（「運送事業用大型トラッ
クの法定耐用年数の明確化に向けた考察」）を参照。

7）調査の概要は，以下のとおりである。
　1．調査対象
　　岐阜県下の荷主・トラック運送事業者
　2．発送数と回収数・回収率
　　荷主・トラック運送事業者別の発送数および回収率・回収率は，**表2-7**のとおり。

表 2-7　2015 年調査の発送数と回収数・回収率

発送数	荷主			トラック運送事業者		
	件数	回収数	回収率	件数	回収数	回収率
2,267	1,436	174	12.1%	831	135	16.2%

　3．調査期間
　　2015 年 2 月〜3 月
　4．調査方法
　　郵送法にて調査票を配布・回収

8）詳細については，（小畠，2017）を参照。

引用・参考文献

・新井益太郎著『減価償却の理論』同文舘，1980 年
・伊藤邦雄著『ゼミナール現代会計入門［第 1-8 版］』日本経済新聞出版社，1994-2010
　年
・同上『新　現代会計入門』日本経済新聞出版社，2014 年
・株式会社運輸・物流研究室編『運送原価計算ワークシート』，2011 年
・国税庁編『平成 19 年度　法人の減価償却制度の改正のあらまし』，2007 年

(https://www.nta.go.jp/law/joho-zeikaishaku/hojin/h19/genka.pdf, 2020/08/25)
・同上『平成 23 年 12 月改正　法人の減価償却制度の改正に関する Q&A』，2011 年
（https://www.nta.go.jp/publication/pamph/hojin/kaisei_gaiyo2011/pdf/1112kai
sei_faq.pdf, 2020/08/25)
・同上『国税庁ホームページ　タックスアンサー（よくある税の質問）　所得税 No.
2106 定額法と定率法による減価償却（平成 19 年 4 月 1 日以後に取得する場合)』
（https://www.nta.go.jp/taxes/shiraberu/taxanswer/shotoku/2106.htm, 2021/6/
13)
・国交省自動車局貨物課・全ト協編『トラック輸送の実態に関する調査　調査報告書
調査 I』，2011 年
・小畠信史「輸送サービスの費用分析」朝日大学グローバルロジスティクス研究会監
『地域物流市場の新課題』成文堂，2017 年，111-132 頁
・同上「トラック運送事業者における減価償却計算の問題点と経営への影響」『日本物
流学会誌』第 29 巻，2021 年，45-52 頁
・齊藤実「規制緩和とトラック運送業の構造」『国際交通安全学会誌』第 29 巻第 1 号，
2004 年，44-51 頁
・桜井久勝著『財務会計講義＜第 15 版＞』中央経済社，2014 年
・税制調査会編『法人課税小委員会報告』，1996 年
・全ト協編『中小トラック運送事業者のための経営改善対策ガイドブック』，2010 年
（http://www.jta.or.jp/keeikaizen/keiei/keiei_kaizen_guidebook.pdf, 2019/05/31)
・同上『平成 26 年度　原価意識向上のための実務セミナー　―基礎問題・実践問題の
原価の活用について―』，2014 年
・同上『日本のトラック輸送産業　現状と課題 2018』，2018a 年
・同上『経営分析報告書―平成 28 年度決算版―（車両台数別・地域別概要)』，2018b
年（http://jta.or.jp/keieikaizen/keiei/keiei_bunseki/img/H28keieibunseki_
syaryou_chiiki.pdf, 2020/7/15)
・同上『中小トラック運送事業者のための IT ガイドブック及び IT ベスト事例集　1
原価計算システム』（http://www.jta.or.jp/jyoho/ITguidebook/pdf/001.pdf,
2021/6/13)
・武田昌輔 a 編著『DHC　コンメンタール法人税法　§52～61 の 10　4』第一法規
・武田昌輔 b 編著『DHC　コンメンタール法人税法　§138～163・耐用年数　5-2』第
一法規
・中村忠著『新稿　現代会計学［二訂版]』白桃書房，1998 年
・日野自動車（株)・コンサルティングセールスチーム「経営の羅針盤　運送原価シ
リーズ 3」『ひので〜す 2003 年 12 号』，2003 年
・同上「経営の羅針盤　運送原価シリーズ 4」『ひので〜す 2004 年 2 号』，2004 年
・広瀬義州著『財務会計（第 10 版)』中央経済社，2011 年
・山本守之著『実践研究・法人税改革［改訂版]』税務経理協会，1998 年
・米山鈞一・坂本左著『減価償却の税務と耐用年数のすべて［14 訂版]』税務経理協

　会，2004 年
・米山鈞一・奥山茂樹・坂本左著『耐用年数通達逐条解説』税務研究会出版局，1985
　年

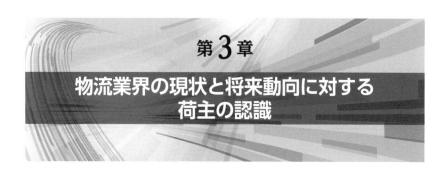

第**3**章
物流業界の現状と将来動向に対する
荷主の認識

第1節　トラック運送事業者の現状

1　トラック運送事業の現状

　全日本トラック協会「トラック運送業界の景況感 (2015年度)」[1]によれば，人手の「不足」「やや不足」と答えた企業は52％を占め，2011年度と比べて40％上昇している。有効求人倍率 (厚生労働省「職業安定業務統計」[2]) は全職業1.57倍に対し，貨物自動車運転手は3.03倍と高い倍率を示している。就業者の年齢構成[4] (総務省「労働力調査」2015年) からは，道路貨物運送業の就業者の45％は40〜54歳が占めており (全産業は35％)，高齢化が進んでいる。厚生労働省の「賃金構造基本統計調査」[3]によれば，年間所得額は全産業平均と比較して，中小型トラック運転者で約2割低い。また，トラックドライバーの年間労働時間は，全産業平均と比較して，約2割長い状態が続いている。

　このようにトラック運送業界では，人手不足が慢性化しており，就業者の年齢構成が高齢化していることから，今後10年から20年の間に人手不足がさらに加速することが考えられる。また，年間労働時間が長いにもかかわらず，年間所得額が低いことから，他の産業と比べて低い労働条件であることが考えられる。

　労働条件の改善については物流業界の問題であるものの，取引先である「荷主の協力」がなければ解決できない問題として荷主の各業界で位置づけら

れている。トラックドライバーの長時間労働の要因のひとつは，荷主庭先での長時間の荷待ち時間・荷役時間が指摘されている。2015年に実施されたトラック輸送状況の実態調査[5]によれば，1運行あたり平均1時間45分の手待ち時間が発生していることが指摘されている。

2　今後の予測

　2017年版交通政策白書によると，現在約83万人いるドライバーは，宅配便等の更なる需要増により，2027年には約96万人が必要になるとの試算がある。ところが，高齢化に伴う退職等により，現実には72万人（約13%減）となり，必要とされるドライバーが24万人不足するとの調査結果が報告[6]されている。他方，貨物自動車運送事業法では過労防止等の観点から，ドライバーの数及び最低車両数についての基準[7][8]を設けている。仮に，現在5人のドライバー，5両の車両を配置する事業者に，上述の将来的にドライバーが13%減少する試算をあてはめた場合，4人ほどしか確保できなくなり，法で定める最低配置車両数5両に対するドライバーの確保ができないことになる。

第2節　研究の背景と目的

　荷主と物流事業者が一体となって，荷待ち時間の削減，荷役作業の効率化などの改善に取り組むことが重要とされているが，荷主側も自社での作業の負担増などの懸念から改善が充分なされているとは言えず，具体的な方策に繋がりにくい状況にあった。物流事業者の今後の在り方を検討するには，まず物流業界の課題を把握することが重要である。その課題は物流事業者のみならず荷主にも関係するため荷主の調査は欠かせないが，従来荷主に対しての調査は少なかった。これまで先行研究としては，自営転換の促進を目的に荷主・物流事業者の意向[9]，荷主の運送事業者に対する評価要因がパートナーシップ構築に及ぼす影響[10]，着荷主の役割[11]，トラック事業者の収益性を高めるための荷主との連携[12]がある。しかしながら，「荷主の認識に起因す

る物流業界における人手不足」に関しては急速に社会問題化したため充分な検討がなされていない。このため筆者らは荷主と物流事業者が重視している物流サービスの範囲に注目し，ギャップの所在について検討してきた[13]。また朝日大学大学院グローバルロジスティクス研究会[14]では，地域の物流市場発展のため，物流事業者自身が主導すべき方策，荷主動向への対応策，行政組織等への要請等を継続的に検討している。この結果，物流事業者の取り組みを進めるためには荷主企業が物流業界の課題をどのように受けとめているかを把握することから着手し，今後の在り方を検討する必要性が明らかとなった。

　そこで本章では，どのような荷主にどのような理解・協力が進むと改善できる項目があるかを明らかにするために，物流業界の現状と将来動向に対して荷主がどのような認識を持っているのかを人手不足感と改善施策の認知の点から検討し，今後の輸送対策を提示する。

第3節　製品の輸送方法と運転者に関する状況に対する荷主の認識

1　物流業界の現状と将来動向に対する荷主の意向調査

①調査対象者

　第1節で述べた通り，トラックドライバーの長時間労働などの労働条件改善は物流事業者が抱える課題だが，「荷主の協力」も必要となる。そのため荷主への調査は欠かせないが，従来荷主に対しての調査は少なかった。本研究では，物流事業に対する荷主の認識（人手不足感，改善施策の認知）を分析するために，対象荷主をNTTタウンページ情報のデータベースより岐阜県下の荷主企業として抽出した。そして，抽出した荷主に対して「物流業務責任者」宛にアンケート用紙を送付し，回答のあったアンケート結果について分析を行った。実施期間は2019年7月16日〜8月7日までの約3週間であり，発送数1176件に対し，246件（20.9%）の回答（2019年8月31日現在）があった。**表3-1**に示す調査項目についてアンケート設問を設定し，単一回答（以下，

表 3-1　調査項目

```
Ⅰ　荷主の現状（2）
Ⅱ　荷主の製品の輸送方法
・輸送方面（顧客位置）（距離 km）
・輸送形態の委託率（%）
・自社で輸送する理由について
・運送に従事する自社従業員の課題
・委託する理由
Ⅲ　運転者に関する状況
・運転者の不足感
・製品の安定輸送のための方法
・約款の改正や法律の改正による改善施策
・改善施策に対する対応
・荷主側の理解・協力
Ⅳ　今後の輸送対策（4）
                          （　　）は設問の数
```

SA），複数回答（以下，MA）の選択肢等にて回答を求めた。また統計処理として，有意差検定はカイ二乗検定で行った。

　なお，本研究では，「自社」とは荷主が自ら行なう輸送（自家用車両による輸送），「委託」とは貨物自動車運送事業者による輸送（事業用車両による輸送），「トラック事業者」とは輸送を委託（依頼）している貨物自動車運送事業者と定義する。

②分析方法

　回答のあったアンケート結果の分析を**表 3-2** 以降に示す（表中の数字は，回答荷主の件数である）。表中の「不足感あり」「不足感なし」は，設問「輸送形態（自社・委託）を問わず運転者の不足感をどのように捉えられているか」（SA）への回答である「①不足感はある」を除いた，「②いまはないが，将来不足すると予測する」および「③不足感は現在，将来ともにない」を「不足感なし」として集計した。また，表中の「知っている」「知らない」は，設問「運転者不足に対応していくため，国土交通省が約款の改正や法律の改正による改善施策を認知しているか」（SA）への回答である。なお，「約款の改正」は，運送契約に係る環境整備のため，平成 29 年 11 月に標準貨物自動車運送約款を

改正, 運送の対価としての「運賃」と積込み・取卸し料金等の各「料金」の定義を明示したことをアンケート用紙に示した。また「法律の改正」については荷待ち時間, 追加的な荷役作業等の見える化を図り, 対価を伴わない役務の発生を防ぐため認可基準を明示（原則として「運賃」,「料金」とを分別して収受）したことを示した。

荷主に「運転者の不足感」があれば「改善施策を認知」していると考えられるが, 両項目間のピアソンの相関係数が0.1909であることから, **表3-2**以降のクロス集計の横軸として位置づけた。表中の委託率のクロス集計にあたっては, 委託率を「0%」「0%超～100 %未満」「100%」の3つに分類した。委託率0%はすべて自社(荷主), 0%超～100 %未満は自社と委託の両方,

表 3-2　回答荷主企業の取扱品目（人手不足感, 改善施策の認知）[15]

	不足感あり	不足感なし	合計	知っている	知らない	合計
一般貨物	11	7	18	3	15	18
(%)	(9.6%)	(6.5%)	(8.1%)	(3.9%)	(10.4%)	(8.1%)
建築資材, 住器等	8	8	16	3	12	15
(%)	(7.0%)	(7.5%)	(7.2%)	(3.9%)	(8.3%)	(6.8%)
紙製品等	6	6	12	8	5	13
(%)	(5.3%)	(5.6%)	(5.4%)	(10.4%)	(3.5%)	(5.9%)
自動車部品等	7	5	12	6	6	12
(%)	(6.1%)	(4.7%)	(5.4%)	(7.8%)	(4.2%)	(5.4%)
木製品	5	7	12	3	9	12
(%)	(4.4%)	(6.5%)	(5.4%)	(3.9%)	(6.3%)	(5.4%)
窯業原料, 製品	6	4	10	1	9	10
(%)	(5.3%)	(3.7%)	(4.5%)	(1.3%)	(6.3%)	(4.5%)
上記以外の取扱品目	62	60	122	43	79	122
(%)	(54.4%)	(56.1%)	(55.2%)	(55.8%)	(54.9%)	(55.2%)
その他	9	10	19	10	9	19
(%)	(7.9%)	(9.3%)	(8.6%)	(13.0%)	(6.3%)	(8.6%)
合計	114	107	221	77	144	221
(%)	(100%)	(100%)	(100%)	(100%)	(100%)	(100%)

カイ二乗値1.821　　　　　　　　　カイ二乗値15.258
P値0.969　　　　　　　　　　　　P値0.033

表 3-3　輸送方面（顧客位置）と委託率[15]

	委託率			合計
	0%	0%超 ~ 100% 未満	100%	
①主に 100 km 以内	14	59	35	108
②主に 101~300 km	2	29	38	69
③主に 301 km 以上	0	8	29	37
合計	16	96	102	214

100%はすべて委託である。

③回答企業の概要

　表 3-2 に，回答荷主企業の取扱品目に対して，「人手不足感」，「改善施策の認知」のクロス集計結果を示す。一般貨物や建築資材，住器等が多くを占めるほか，自動車部品等の取り扱いも多い。一般貨物は，冷蔵冷凍品は除く雑貨，食品，青果物等である。人手不足感と取扱品目の関連については，人手不足感の大きな偏りはみられず，カイ二乗検定を行ったところ統計的に有意ではなく，人手不足感と取扱品目に関連はみられなかった。一方，改善施策の認知に関しては「一般貨物」，「紙製品等」，「窯業原料，製品」に開きがある。カイ二乗検定を行ったところ，統計的にも有意であった。したがって，取扱品目ごとに改善施策の認知に違いがあることが確認された。

2　荷主側の製品の輸送方法

　輸送方面（顧客位置）の設問（SA）への回答「主に 100 km 以内」，「主に 101~300 km」，「301 km 以上」と委託率をまとめた結果を表 3-3 に示す。主に 100 km 以内の近距離での輸送方面となっている。また，近距離において委託率は低く，301 km 以上の輸送に関しては委託率 100%が中心となっていることがわかる。

　表 3-4 では，輸送方面（顧客位置）に対して，「人手不足感」，「改善施策の

表 3-4　輸送方面（顧客位置）（人手不足感，改善施策の認知）[15]

	不足感あり	不足感なし	合計	知っている	知らない	合計
①主に 100 km 以内	50	59	109	33	75	108
（%）	(44.6%)	(55.1%)	(49.8%)	(43.4%)	(52.8%)	(49.5%)
②主に 101〜300 km	34	36	70	23	47	70
（%）	(30.4%)	(33.6%)	(32.0%)	(30.3%)	(33.1%)	(32.1%)
③主に 301 km 以上	28	12	40	20	20	40
（%）	(25.0%)	(11.2%)	(18.3%)	(26.3%)	(14.1%)	(18.3%)
合計	112	107	219	76	142	218
（%）	(100%)	(100%)	(100%)	(100%)	(100%)	(100%)

カイ二乗値 7.090　　　　　　　　　　カイ二乗値 5.042
P 値 0.029　　　　　　　　　　　　　P 値 0.080

認知」のクロス集計結果を示す。人手不足感に関しては，特に「主に 301 km 以上」で開きがある。カイ二乗検定を行ったところ，統計的にも有意であった。したがって，輸送方面（顧客位置）の距離に応じて，人手不足感に違いがあることが確認された。一方，改善施策の認知に関しては，「知っている」「知らない」とも「主に 100 km 以内」が最も多い。輸送方面（顧客位置）でみると改善施策の認知に大きな偏りはみられず，カイ二乗検定を行ったところ統計的にも有意ではなく，改善施策の認知と輸送方面（顧客位置）に関連はみられなかった。

3　運転者に関する状況

　設問「人手不足の要因の一つと考えられる長時間労働を解消するためには，荷主側のどのような理解・協力が必要と考えられるか」(SA) について，「①納品時間についての理解・協力（集荷時間，配達時間の協力など）」，「②曜日の波動についての理解・協力（着側での在庫調整など）」，「③荷造りへの理解・協力（荷主側での荷揃え・パレット積みなど）」，「④輸送情報の提供への理解・協力（トラック事業者との情報連携など）」の選択肢で回答を求めた。この回答結果と委託

表 3-5　荷主側の理解・協力と委託率[15]

	委託率			合計
	0%	0%超〜100%未満	100%	
①納品時間についての理解・協力	(12)	62	61	135
②曜日の波動についての理解・協力	(0)	5	16	21
③荷造りへの理解・協力	(0)	11	10	21
④輸送情報の提供への理解・協力	(1)	11	20	32
合計	(13)	89	107	209
カイ二乗値	6.835			
P 値	0.077			

率との関係をまとめたものが**表3-5**である。荷主側が必要と考える理解・協力は「納品時間」が多く，次いで「輸送情報の提供」となっている。納品時間は，担当者同士がある程度調整できるため回答しやすいが，「曜日の波動」「荷造り」については，荷主側の全社的な変更（人員配置の変更）に関わり，答えづらい可能性も示唆される。委託率0%（**表3-5の（ ）**表記）を除いた，「0%超〜100%未満」「100%」をみると，委託率による大きな偏りはみられず，カイ二乗検定を行ったところ統計的にも有意ではなく，委託率ごとに，荷主側の理解・協力に違いはみられなかった。委託率にかかわらず理解・協力できる項目であることが示唆される。

　表3-6では，荷主側の理解・協力に対して，「人手不足感」，「改善施策の認知」のクロス集計結果を示す。人手不足感および改善施策の認知については大きな偏りはみられず，カイ二乗検定を行ったところ統計的にも有意ではなく，人手不足感および改善施策の認知と荷主側の理解・協力に関連はみられなかった。

　表3-7は，設問「8年後には運転者全体の25%（約24万人）が不足するとの試算もあるが，製品を安定的に輸送するためにはどうすれば良いと考えられるか」（SA）に対して，「人手不足感」，「改善施策の認知」のクロス集計結果

表 3-6　荷主側の理解・協力（人手不足感，改善施策の認知）[15]

	不足感あり	不足感なし	合計	知っている	知らない	合計
①納品時間についての理解・協力（%）	79 (70.5%)	60 (59.4%)	139 (65.3%)	40 (56.3%)	98 (69.0%)	138 (64.8%)
②曜日の波動についての理解・協力（%）	11 (9.8%)	9 (8.9%)	20 (9.4%)	9 (12.7%)	12 (8.5%)	21 (9.9%)
③荷造りへの理解・協力（%）	7 (6.3%)	14 (13.9%)	21 (9.9%)	8 (11.3%)	13 (9.2%)	21 (9.9%)
④輸送情報の提供への理解・協力（%）	15 (13.4%)	18 (17.8%)	33 (15.5%)	14 (19.7%)	19 (13.4%)	33 (15.5%)
合計（%）	112 (100%)	101 (100%)	213 (100%)	71 (100%)	142 (100%)	213 (100%)

カイ二乗値 4.848　　　　　　　　　　カイ二乗値 3.473
P 値 0.183　　　　　　　　　　　　　P 値 0.324

を示す。製品を安定的に輸送するための認識人手不足感および改善施策の認知は，特に「②影響が及ぶと思われ，トラック事業者と輸送対策を講じる」で開きがある。カイ二乗検定を行ったところ，統計的にも有意であった。したがって，人手不足感および改善施策それぞれに製品を安定的に輸送するための認識に違いがあることが確認された。具体的には，「④他のトラック事業者への輸送を検討する」のは「不足感あり」の荷主の傾向がある。また，「③自社での輸送を検討（継続）する」のは「不足感なし」の荷主の傾向がある。改善施策の認知については，「④他のトラック事業者への輸送を検討する」のは「知らない」荷主が多い傾向がある。

第4節　今後の輸送対策に対する荷主の認識

今後の輸送対策として，設問「トラック事業者と具体的な問題意識を共有

表 3-7　製品を安定的に輸送するためにはどうすれば良いかの認識（人手不足感，改善施策の認知）[15]

	不足感あり	不足感なし	合計	知っている	知らない	合計
①我々が委託するトラック事業者は，今後も安定的な輸送を提供できると考える（%）	6 (5.7%)	27 (25.7%)	33 (15.7%)	8 (11.9%)	24 (17.0%)	32 (15.4%)
②影響が及ぶと思われ，トラック事業者と輸送対策を講じる（%）	51 (48.6%)	23 (21.9%)	74 (35.2%)	41 (61.2%)	33 (23.4%)	74 (35.6%)
③自社での輸送を検討（継続）する（%）	13 (12.4%)	20 (19.0%)	33 (15.7%)	6 (9.0%)	26 (18.4%)	32 (15.4%)
④他のトラック事業者への輸送を検討する（%）	18 (17.1%)	11 (10.5%)	29 (13.8%)	6 (9.0%)	23 (16.3%)	29 (13.9%)
⑤影響が及ぶ前にトラック事業者で対応してほしい（%）	16 (15.2%)	19 (18.1%)	35 (16.7%)	6 (9.0%)	29 (20.6%)	35 (16.8%)
⑥不足することを知らない（不足するとは思わない）（%）	1 (1.0%)	5 (4.8%)	6 (2.9%)	0 (0.0%)	6 (4.3%)	6 (2.9%)
合計（%）	105 (100%)	105 (100%)	210 (100%)	67 (100%)	141 (100%)	208 (100%)

カイ二乗値30.057　　　　　　　　カイ二乗値29.903
P値0.000　　　　　　　　　　　P値0.000

する検討（話合い）の場を設けるか」（SA）（以下，「話合い場の設置」という。）について，「①既に設けている」，「②設けたい」，「③いずれは設けていきたい」，「④トラック事業者から提案されれば対応する用意はある」，「⑤検討の場を

表 3-8　問題意識を共有する検討の場を設ける認識（人手不足感，改善施策の認知）[15]

	不足感あり	不足感なし	合計	知っている	知らない	合計
①既に設けている	38	12	50	30	20	50
（%）	(32.8%)	(11.4%)	(22.6%)	(41.1%)	(13.7%)	(22.8%)
②設けたい	10	4	14	6	7	13
（%）	(8.6%)	(3.8%)	(6.3%)	(8.2%)	(4.8%)	(5.9%)
③いずれは設けていきたい	30	15	45	11	33	44
（%）	(25.9%)	(14.3%)	(20.4%)	(15.1%)	(22.6%)	(20.1%)
④トラック事業者から提案されれば対応する用意はある	25	55	80	23	57	80
（%）	(21.6%)	(52.4%)	(36.2%)	(31.5%)	(39.0%)	(36.5%)
⑤検討の場を設けることは考えていない	13	19	32	3	29	32
（%）	(11.2%)	(18.1%)	(14.5%)	(4.1%)	(19.9%)	(14.6%)
合計	116	105	221	73	146	219
（%）	(100%)	(100%)	(100%)	(100%)	(100%)	(100%)

カイ二乗値33.001　　　　カイ二乗値27.358
P値0.000　　　　　　　P値0.000

設けることは考えていない」の選択肢で回答を求めた。**表 3-8** は，「話合い場の設置」に対して，「人手不足感」，「改善施策の認知」のクロス集計結果を示す。人手不足感に関しては，特に「④トラック事業者から提案されれば対応する用意はある」で開きがある。カイ二乗検定を行ったところ，統計的にも有意であった。したがって，人手不足感と「話合い場の設置」に関連があることが確認された。改善施策の認知に関しては，「①既に設けている」で開きがある。カイ二乗検定を行ったところ，統計的にも有意であった。したがって，改善施策の認知と「話合い場の設置」に関連があることが確認された。このように荷主の認識と「話合い場の設置」の関連をみたところ，人手不足感，改善施策の認知による「話合い場の設置」で違いがみられた。

　表 3-9 は，今後の輸送形態（方針）（SA）の設問で「①現状を維持する予定

表 3-9　今後の輸送形態（方針）と委託率[15]

	委託率			合計
	0%	0%超〜100%未満	100%	
①現状を維持する予定である	(15)	72	103	190
（%）	(88.2%)	(73.5%)	(92.8%)	(84.1%)
②方針転換（自社→委託）する予定である	(2)	12	1	15
（委託比率を増やす）				
（%）	(11.8%)	(12.2%)	(0.9%)	(6.6%)
③方針転換（委託→自社）する予定である	(—)	3	0	3
（自社比率を増やす）				
（%）		(3.1%)	(0.0%)	(1.3%)
④わからない	(0)	11	7	18
（%）	(0.0%)	(11.2%)	(6.3%)	(8.0%)
合計	(17)	98	111	226
（%）	(100%)	(100%)	(100%)	(100%)

カイ二乗値 17.949
P 値 0.000

である」,「②方針転換（自社→委託）する予定である（委託比率を増やす）」,「③方針転換（委託→自社）する予定である（自社比率を増やす）」,「④わからない」の選択肢で回答を求め，今後の輸送形態（方針）の回答結果と委託率との関係をまとめた。

委託率0%（**表3-9**の（）表記）を除いた，「0%超〜100%未満」「100%」のクロス集計結果を示す。特に「②方針転換（自社→委託）する予定である（委託比率を増やす）」で開きがある。カイ二乗検定を行ったところ，統計的にも有意であった。したがって，今後の輸送形態（方針）と委託率に関連があることが確認された。**表3-9**に示すとおり，委託率100%の荷主企業にとっては現状維持を選択し，0%超〜100%未満の荷主は方針転換（自社→委託）の道を模索していることが確認できる。また，少数ではあるが，方針転換（委託→自社）を考えている荷主もいるため，より分析の深化が必要である。なお，「わからない」という荷主もいることから，荷主の考える今後の輸送対策の意思決定

表 3-10　今後の輸送形態（方針）（人手不足感，改善施策の認知）[15]

	不足感あり	不足感なし	合計	知っている	知らない	合計
①現状を維持する予定である（%）	94 (79.0%)	97 (87.4%)	191 (83.0%)	63 (80.8%)	128 (84.2%)	191 (83.0%)
②方針転換（自社→委託）する予定である（委託比率を増やす）（%）	11 (9.2%)	6 (5.4%)	17 (7.4%)	6 (7.7%)	10 (6.6%)	16 (7.0%)
③方針転換（委託→自社）する予定である（自社比率を増やす）（%）	3 (2.5%)	0 (0.0%)	3 (1.3%)	1 (1.3%)	2 (1.3%)	3 (1.3%)
④わからない（%）	11 (9.2%)	8 (7.2%)	19 (8.3%)	8 (10.3%)	12 (7.9%)	20 (8.7%)
合計（%）	119 (100%)	111 (100%)	230 (100%)	78 (100%)	152 (100%)	230 (100%)

カイ二乗値4.719　　　　　カイ二乗値0.496
P値0.194　　　　　　　　P値0.920

に役立つ物流事業者側からの情報提供等の取り組みが必要である。

　表3-10 は，今後の輸送形態（方針）に対して，「人手不足感」，「改善施策の認知」のクロス集計結果を示す。人手不足感および改善施策の認知については大きな偏りはみられず，カイ二乗検定を行ったところ統計的にも有意ではなく，人手不足感および改善施策の認知と今後の輸送形態（方針）に関連はみられなかった。このように荷主の認識と今後の輸送形態（方針）の関連をみたところ，人手不足感，改善施策の認知による今後の輸送形態（方針）の違いがみられなかったため，今後の輸送形態（方針）は人手不足感，改善施策の認知にかかわらず決定を行う項目であることが示唆される。

　表3-11 は，これまで検討してきた設問項目（表3-2～表3-10）ごとの荷主の現状と将来動向に関する認識の一覧を示す。本研究は，荷主企業が物流業界

表 3-11　項目ごとの荷主の現状と将来動向に対する認識[15]

| 関連する項目 | 荷主の認識 | | 委託率 |
	人手不足感	行政施策の認知	
取扱品目	違いなし	違いあり *	
輸送方面（顧客位置）	違いあり *	違いなし	
荷主側の理解・協力	違いなし	違いなし	違いなし
製品を安定的に輸送するための認識	違いあり **	違いあり **	
トラック事業者と具体的な問題意識を共有する検討（話合い）の場を設けることについての認識	違いあり **	違いあり **	
今後の輸送形態（方針）	違いあり	違いなし	違いなし **

注）左列：現状に対する認識（上5項目）、将来動向に対する認識（今後の輸送形態）

：＊＊p＜.01，＊p＜.05

の課題をどのように受けとっているかを把握することで，物流業界の人手不足解消につなげることを目指した。荷主側の輸送事業の現状および将来動向に対して，荷主の認識として，人手不足感の有無，改善施策の認知の有無として捉え，それぞれの設問項目によって意向が異なることを確認した。このため，人手不足感の意向の違いが把握できれば，より具体的に改善施策の認知の有無の違いが明確となる。今回の関連する項目の中では「製品を安定的に輸送するための認識」，「話合い場の設置」が統計的にも有意となっており，施策を知らない荷主への今後の対応策につなげる材料となり得る。こうした施策側からの対応の他，事業者側から見れば，委託率の程度も含めて今後の対応策を考える根拠につなげていける可能性がある。

第5節　考察と今後の課題

本章では，物流業界の現状と将来動向に関する荷主の認識を検討した。具

体的には，人手不足を解消するためには，どのような荷主に理解協力が進む
と改善できる項目があるかが必要であるが，項目ごとの荷主の現状と将来動
向に関する認識の視点で分析した。その結果，「人手不足感の有無」「改善施
策の認知の有無」「委託率の程度」を軸に，以下のような示唆を得ることがで
きた。

1）輸送方面（顧客位置）では主に100km以内の近距離での委託率は低く，
　自社での輸送が重視されている。人手不足感（人手不足感の有り無し）につ
　いては，①輸送方面（顧客位置）が遠いほど，人手不足感があり，②「製
　品を安定的に輸送するための認識」では人手不足感があり，改善施策を
　知っている荷主ほど，トラック事業者と輸送対策を講じると考えてい
　る。③「トラック事業者との話し合いの場を設けることについての認識」
　においても人手不足感があり，改善施策を知っている荷主ほど，認識し
　ていることが明らかとなった。

2）荷主側の理解・協力では，人手不足の要因の一つと考えられる長時間労
　働を解消するための，荷主側の「曜日の波動」，「荷造り」への理解は，
　「納品時間」に比べて必要性が認識されていないことがわかった。運転者
　不足に対応するため，国土交通省が約款の改正や法律の改正による改善
　施策を進める際は，「取扱品目」，「製品を安定的に輸送するための認識」，
　「話合い場の設置」といった関連する項目結果を踏まえた対応が必要であ
　ることが明らかとなった。

3）荷主側の理解・協力に委託率による違いは見られないが，「今後の輸送形
　態」においては委託率により異なる対応を考えているため，取引先であ
　ることが示唆される。今後の輸送形態（方針）にも示されるとおり，物流
　事業者の意向を把握できていないことで現状維持を選択する荷主が存在
　することが考えられる。物流事業者側からの今後の輸送対策に関する丁
　寧な説明を必要とするため，さらなる分析が必要である。

考　察

　本章では，物流業界の現状と将来動向に対する荷主の認識を捉えるために，「取引先である「荷主の理解・協力」が進まないのはなぜか」を焦点に，委託率を踏まえ検討した。その結果，例えば，輸送方面（顧客位置）と委託率を見ると，主に100 km以内の近距離での委託率は低く，自社での輸送が重視されている。また，荷主側の理解・協力と委託率を見ると，人手不足の要因の一つと考えられる長時間労働を解消するための，荷主側の「曜日の波動」についての理解・協力（着側での在庫調整など），「荷造り」への理解・協力（荷主側での荷揃え・パレット積みなど）については，「納品時間」に比べて必要性が認識されていない。ただし，曜日の波動については，委託率100％が理解を示しているといえるが，委託率の違いによって差があるとまでいえるのかは不明である。今後の輸送形態（方針）にも示されるとおり，物流事業者の意向を把握できていないことで現状維持を選択する荷主が存在することから，物流事業者側からの今後の輸送対策に関する荷主への丁寧な説明を必要することが示唆されるものの，以下の2点に注目したい。

① 「荷主の理解・協力」の範囲の見極め

　「荷主の理解」とした言い回しは，どの面で物流事業者と協力できるとしているのかが不明な点が多く，今後も理解可能な範囲の交渉が続くことが想定される。運転者の待遇改善策の柱として値上げというコスト面での協力が中心である。こうした人件費の上昇や燃料コストのほか，トラックの老朽化の対応など荷主の理解・協力が欲しいケースは，間接的，直接的に多岐にわたる。荷主の事業規模によっては，人手不足を中心としたニーズは引き続き存在する。

　これまでは物流事業者は，荷主からの学びを通じて物流サービスの手本とし，大手荷主の厳しいサービス要求に答えることで，物流事業者の品質を高めてきた。しかし，多種多様な荷主ニーズについて対応できなければ，事業者の対応能力を見極めつつ，荷主が自社輸送に戻すケースも考えられる。現実には可能な限り委託するケースが続いているが，荷主の理解は，

何もアクションをしなければ「時間指定の調整」など限定的された内容が中心となっていき，結局は担当者同士で調整できる部分に留まる恐れがある。特に輸送情報の提供に関しては，「荷主との定期的な意見交換により改善要望をしている」という事業者側の意識と合致するポイントであり，荷主側の理解・協力の意識として変えていきたい部分である。

②荷主側による改善の取り組みとの連動

　荷主には，着荷主と発荷主があり，全く考え方や立場が異なる。これをまとめて「荷主の意向」と呼ぶため無理がある。しかしながら区別が必要であるものの意向調査への協力が難しく分析自体ができないことが多い。着荷主と発荷主，物流事業者をつなぐ3者間の取り組みも利害が直接的に絡むため，乏しい。また，現在の状況を深刻に受け止めている荷主がいる一方で，深刻に受け止めきれない荷主がいる。どの業種に多いのか，その違いの理由はなにか，不明なままである。時間外労働の割増賃金や新たなドライバーの確保によって発生したさらなる人件費やコストの取り扱いを曖昧にせず，データに裏打ちされた交渉として対峙することが避けられなくなった。今後の輸送形態（方針）と委託率からみると「現状維持」が大半であるなかで，どのようなサービスが求められているか，これからどのようなサービスを求めているのか，その準備に対応していく必要がある。

今後の課題

以下に今後の課題[16]を列挙する。

1）課題に対する荷主の認識（調査）については，継続的な検討が必要である。荷主への対応として，トラック協会はどう受け止めているのかなど関係団体のフォローのあり方など不明である。

2）事業者側の意識としても2020年〜2021年に実施した企業間連携によるトラック運送の生産性向上に影響する要因に関する研究 においても，荷主との連携として，「荷主との定期的な意見交換により改善要望をしている」や「委託元の改善：委託元の物流改善に具体的に関与している

（提案〜実行）」など，荷主連携による改善の取組に関する項目が上位にきており，さらなる分析が必要である。

3）各地の地域に合わせた荷主と物流事業者の検討も協議会ベースで継続している。しかしながら，協議会で荷主との連携事例が枯渇しているケースは否めない。岐阜県での取り組みとして，大手小売業のケースのように着荷主系の物流子会社の事例として企業グループ内での取り組みがあるものの，企業グループ外との具体的な取り組みとしては実現性の面で限定されている。より取り組みを活発化させていくことが求められる。

参考文献

1）全日本トラック協会：トラック運送業界の景況感（速報），2019
2）厚生労働省：職業安定業務統計，2019
3）厚生労働省：賃金構造基本統計調査，2018
4）総務省：平成 27 年労働力調査年報，2015
5）国土交通省：トラック輸送状況の実態調査，2016
6）トラック運転手，27 年 24 万人不足，国内，高齢化進み 1 割減，民間調べ。2017/11/03 日本経済新聞
7）国土交通省：貨物自動車運送事業輸送安全規則解釈及び運用について（過労運転の防止）
8）国土交通省：（公示：中運局公示第 277 号）一般貨物自動車運送事業及び特定貨物自動車運送事業の申請事案の処理方針（車両数）
9）秋田直也，小谷通泰：荷主・物流事業者の意向分析からみた自営転換の促進課題，日本物流学会誌第 18 号，pp.169-176，2010
10）秋田直也，小林直子，小谷通泰：荷主の運送事業者に対する評価要因がパートナーシップ構築に及ぼす影響の分析，日本物流学会誌第 21 号，pp.271-278，2013
11）下村博史：物流共同化における着荷主の役割に関する研究，日本物流学会誌第 19 号，pp.81-88，2011
12）黒川久幸，久保田精一，林克彦：トラック事業者の収益性を高めるための荷主との連携に関する研究，日本物流学会誌第 27 号，pp.107-114，2019
13）土井義夫，板谷雄二，小畠信史，荒深友良：荷主と物流事業者双方が重視する特積み輸送におけるサービスの範囲，日本物流学会誌第 22 号，pp.251-258，2014
14）忍田和良，土井義夫：地域物流市場の新課題，朝日大学大学院グローバルロジスティクス研究会，成文堂，2017
15）土井義夫，板谷雄二，小畠信史，荒深友良：人手不足からみた物流業界の現状と将来動向に対する荷主の認識，日本物流学会誌第 28 号，pp.197-204，2020

16）土井義夫：荷主意向調査「荷主の理解・協力」の実態，月刊ロジスティクスビジ
ネス第 21 巻 12 号，pp.28-31，2022

第**4**章

人材不足への対応からみたモード連携

第1節　研究の背景

　トラック運送事業者はドライバー不足，またドライバー不足を起因とする労働条件の悪化という課題を抱えている。トラックによる貨物輸送量が減少するだけでなく，ドライバーが過重労働となり，法定の休息時間または休憩時間が取れないといった現状もある。過労運転は事故に繋がる恐れもあることから，「ドライバー不足」「労働条件の悪化」は早急に解決しなければならない。

　鉄道貨物協会は，少子高齢化や人口減少によって2028年度には28万人のトラックドライバーが不足すると試算している[1]。また，2016年に就任したトランコムの恒川穣社長は「あらゆる経営資源を集中し，人手不足問題の解決を含めた物流の抜本的改革を進める」ために，取り扱う物量の増加に注力し鉄道や船舶も利用するモーダルシフト輸送を活用，トラックの中継拠点を拡張してドライバーが日帰り運行できる取り組みを進めるという[2]。

　矢野（2021）[3]は，「日本ロジスティクスシステム協会の推計では，2015年のドライバー数は76.7万人だったのが，2020年には51.9万人にまで減少する。仮に全体の貨物輸送量と1人あたりの輸送量が変わらないとすれば，約3割の貨物が輸送できないことになる。需給バランスが崩れ，ドライバー不足問題は一層深刻になると予想される。人手不足への対応についてはコロナ

禍前から，輸送効率の向上，物流をトラックから鉄道や船に切り替えるモーダルシフト，荷待ち時間の削減，検品・荷役作業の見直しによる時間短縮など，様々な検討がなされてきた。」と述べている。

　東海財務局の法人企業景気予測調査（愛知，岐阜，三重，静岡県）[4]によると，従業員数が「不足気味」と答えた企業の割合から「過剰気味」と答えた企業の割合を引いた判断指数は，6月末の数値が運輸業はプラス20と，全産業の中で建設業に次ぐ高い水準だった。3月末（プラス4.3）と比べても人手不足感は強まっていると報じている。また全日本トラック協会は，トラック運送業界の景況感（速報）にて採用状況と雇用状況（労働力の不足感）を把握[5]しているが，人手不足感は続いている。

　2021年6月に閣議決定された「総合物流施策大綱（2021年度〜2025年度）」の「今後の物流施策の方向性と取組」において，「労働力不足対策と物流構造改革の推進（担い手にやさしい物流の実現）」，「強靭性と持続可能性を確保した物流ネットワークの構築（強くてしなやかな物流の実現）」に重点的に取り組んでいくとしている。このなかで「特に，トラックドライバー不足が加速する現状において，フェリーやRORO船，コンテナ船等の海運を活用した長距離物流が進んでいるほか，中・短距離でも実施される例も出てきており，さらに災害時の安定的な物流網確保の観点からもモーダルシフトは重要」と指摘する。

　これに関連して，JR貨物の真貝康一社長は，「モーダルシフト」を越えた「モーダルコンビネーション」[6]として，物流全体の脱炭素化と労働生産性を向上させることを推進すべき，と主張している。物流手段をトラックから鉄道などに切り替えるモーダルシフトを超え，最適な輸送手段を組み合わせる方法である。

第2節　トラック運送事業と他モードとの連携

　トラック運送事業者では，トラックドライバー不足による貨物輸送量の減少への対策，またトラックドライバーの労働条件改善の対策が求められてい

る。

　以上の対策として「モード連携」が考えられる。トラックから鉄道あるいはRORO船による貨物輸送への転換，また運行経路にフェリーを使うことによってドライバーの休息時間・休憩時間を確保することなどがある。

　ここでいう他のモードとは，「トラック輸送」「鉄道輸送」「船舶輸送」「航空輸送」の輸送機関であり，安藤（2019）[7]の検討にあるように，一般に，交通の3要素と呼ばれている。交通の3要素とは，ノードとリンク，モード（Mode＝交通機関）を指す。他のモード間との連携は，交通の分野で取組が進んでおり，主に旅客において，米倉ら（2017）[8]，日本交通政策研究会（2016）[9]，（2017）[10]の検討がある。本章では，モード間連携を「物流分野における他の輸送機関というモードを活用して，トラック乗務員の業務負担を減らすための連携」と定義する。トラック乗務員の業務負担の実態として，国土交通省[11]によれば，トラックドライバーの長時間労働の要因のひとつは，荷主庭先での長時間の荷待ち時間・荷役時間にあり，荷主企業と運送事業者が一体となって，荷待ち時間の削減，荷役作業の効率化等の長時間労働の改善に取り組むことが重要としている。特に，平均拘束時間における業務負担は過酷となっている。こうした人手不足を解消するためのフェリー・RORO船活用の最近の事例及び検討[12)13)]がでてきており，次節で検討する。

　船のモード連携の事例においては，例えば，2015年に阪九フェリーの新門司港（北九州市）―泉大津港（大阪府泉大津市）航路に2隻の新造船が就航した。トラック運送事業者の長距離トラックドライバー不足に着目し，フェリー事業者やRORO船事業者は海上輸送による新たな需要を喚起している。また，商船三井フェリーが設定している北海道航路と九州航路がある。特に，首都圏と九州を結ぶ九州航路は，片道1000キロメートルを超える距離を船舶輸送に切り替えるため，「一般的に知られるモーダルシフトのメリットを最大限享受できるほか，貨物専用のRORO船による運航のため，欠航が少ないのが特徴である。貨物船ながら最大12人まで乗船できることから，自社ドライ

バーによる翌々日朝イチ配送が可能」[35]と報じられた。

　鉄道のモード連携の事例としては，JR貨物自身の取り組みがある。JR貨物は，災害時の連携もさることながら，平時における他の輸送モードとの連携強化として，主要貨物駅構内で建設が進んでいる大型物流施設「レールゲート」が報じられている[36]。東京貨物ターミナル駅に「東京レールゲートWEST」が稼働し，2022年7月には隣接地に「同EAST」が，2022年5月に北海道の札幌貨物ターミナル駅内に「DPL札幌レールゲート」が完成した。この意味では，他モードとの連携には鉄道貨物の活用策も含まれる。

　本章では，今後の国内での他モードを用いたトラック運送事業者による活用策を明らかにする。具体的には特殊車両の通行許可制度における課題対応のためのフェリー・RORO船，鉄道貨物の活用促進を検討する。
　以上をふまえ，第3節で，トラック運送事業者からみた国内フェリー・RORO船の活用策を概説する。そして，第4節で，トラック運送事業者からみた鉄道貨物の活用策を考察し，第5節で，今後の課題を提示する。

第3節　トラック運送事業者からみた国内フェリー・RORO船の活用策

　図4-1に輸送機関の特徴を示す。いずれの輸送機関も貨物と旅客を組み合わせて，目的に合わせた運用をしている。なお，輸送する貨物のサイズや目的地によって，船舶の大型化が進む一方で，航空機の小型化が進むといった輸送機関に応じた方向性が伺える。
　船舶輸送でも法令上は区分されており，RORO船が「内航海運業法」の適用を受けるのに対して，フェリーは「海上運送法」の適用を受ける。RORO船は主に貨物を輸送し，フェリーは旅客やトラックを輸送し，輸送する貨物は異なるものの，トラック運送事業者に物流サービスを提供するという点では競合する関係である。トラック運送事業者の新規需要を取り込もうと，

図 4-1　輸送機関の特徴[14]

表 4-1　新造船投入の動き[17]

時期	内容
2021 年春	東京九州フェリー「はまゆう」「それいゆ」総トン数 15,400GT
2021 年 6 月	シルバーフェリー「シルバーブリーズ」
2021 年 12 月	名門大洋フェリー「フェリーきょうとⅡ」姉妹代替船
2021 年 12 月	マリックスライン「クイーンコーラル 8」代替船
2022 年春	宮崎カーフェリー「フェリーたかちほ」「フェリーろっこう」
2022 年	ジャンボフェリー新造船計画
2022 年末	フェリーさんふらわあ「さんふらわあ くれない」型 2 隻

出所）各種データより筆者作成

フェリー事業者では新造船[15][16]を投入する動きもみられる（表 4-1）。

　以下，2019 年時点のデータ[18]での分析を踏まえ，「船の便覧 2021」に記載のデータを用い，フェリー・RORO 船の現状を確認する。

　表 4-2 に各社のフェリー・RORO 船の保有隻数を示す。フェリーの総計は 261 隻と RORO 船の約 2.8 倍（2019 年時は 2.5 倍）となっている。7 隻以上保有している船会社は 8 社あり，フェリーまたは RORO 船もしくはその両方を保有している。この 8 社の保有隻数の合計は 65 隻であり，全体の約 18％を占めている。保有船隻数の総計を見たとき，上位 2 社はフェリー・RORO 船の両方を保有しているのに対し，近海郵船や新日本海フェリーなど 3 位以下の船会社はいずれかを保有していることがわかる。フェリーと RORO 船では経営判断やノウハウが全く異なることから，単体の運用としている可能性が

表 4-2　各社の保有船隻数

	会社数（社）	フェリー（隻）	RORO船（隻）	総計（隻）
川崎近海汽船株式会社	1	5	7	12
商船三井フェリー株式会社	1	4	5	9
近海郵船株式会社	1	0	8	8
新日本海フェリー株式会社	1	8	0	8
JFE物流株式会社	1	0	7	7
株式会社フジトランス コーポレーション	1	0	7	7
栗林商船株式会社	1	0	7	7
琉球海運株式会社	1	0	7	7
6隻保有する船会社	4	12	12	24
5隻保有する船会社	7	31	4	35
4隻保有する船会社	5	12	8	20
3隻保有する船会社	17	48	3	51
2隻保有する船会社	35	64	6	70
1隻保有する船会社	86	76	10	86
オペ不明	1	1	0	1
総計	163	261	91	352

出所）船の便覧2021記載のフェリー・RORO船の保有隻数より筆者作成

高いと考えられる。

　各社の保有船の概要を**表4-3**に示す。新日本有限責任監査法人（2010）[19]によれば，耐用年数は油槽船およびLPGタンカー（2,000トン以上）は13年，それ以外の船舶（2,000トン以上）は15年が用いられていることが多いと指摘する。このことから，すべての船会社で半数程度の船が更新の対象となっていると考えられる。木原（2019）[20]によれば，実際の耐用年数（経済耐用年数）からみれば船種あるいはその使用具合によって異なることから，今後については，より実態に近いものとすべく柔軟に対応することを求めている。表中で，竣工年数が2020年から遡って15年以上経過しているものを灰色で塗った。新造船のG/T（総トン数）は，大型化や現状維持の傾向がみられ，各社において必ずしも一致していない。ただし，全体的な傾向としては，フェリー・

表 4-3　各社の保有船の概要（フェリー・RORO 船）

会社名	フェリー			RORO 船		
	船名	G/T	竣工年月	船名	G/T	竣工年月
川崎近海汽船株式会社	シルバーエイト	9,483	2013.06	南王丸	9,832	1999.11
	シルバークィーン	7,005	1998.03	冨王丸	13,950	2006.07
	シルバーティアラ	8,543	2018.04	豊王丸	13,950	2006.06
	シルバープリンセス	10,536	2012.04	北王丸	11,492	2014.08
	べにりあ	6,558	1999.03	ほくれん丸	11,386	2013.02
				第2ほくれん丸	11,413	2016.09
				ほっかいどう丸	12,265	2019.03
商船三井フェリー株式会社	さんふらわあさっぽろ	13,816	2017.1	さんふらわあとうきょう	10,503	2003.05
	さんふらわあしれとこ	11,410	2001.09	さんふらわあはかた	10,507	2003.1
	さんふらわあだいせつ	11,401	2001.06	すおう	11,675	2019.05
	さんふらわあふらの	13,816	2017.04	ぶぜん	11,674	2019.02
				むさし丸	13,927	2003.09
新日本海フェリー株式会社	あかしあ	16,810	2004.06			
	あざれあ	14,214	2017.06			
	すいせん	17,400	2012.06			
	すずらん	17,400	2012.06			
	はまなす	16,810	2004.06			
	ゆうかり	18,229	2003.01			
	らいらっく	18,229	2002.03			
	らべんだあ	14,214	2017.02			

出所）船の便覧 2021 記載のフェリー・RORO 船の保有隻数より筆者作成

　RORO 船の両方を保有する川崎近海汽船と商船三井フェリーの2社において
は，新規に投入した船舶は G/T（総トン数）を既存の船舶同様もしくは抑えた
サイズとしていることが見受けられる。

　表 4-4 は G/T（総トン数）の傾向（RORO 船のみ）を示している。「船の便覧
2021」に記載のデータを見ると，RORO 船は「大型化」と「現状維持」の2
つの傾向が見られる。近海郵船のましう，まりもなどの5隻が G/T（総トン
数）11,000 を越え，大型化を志向する。同じく，JFE 物流のヴィーナス，マー
キュリーの2隻が G/T 9,300 を越えている。表中の黒矢印の船舶が「大型」

表 4-4　G/T（総トン数）の傾向（RORO 船のみ）

	RORO 船				RORO 船		
	船名	G/T	竣工年月		船名	G/T	竣工年月
近海郵船株式会社 大型化	しゅり	9,813	2002.08	栗林商船株式会社 現状維持	神北丸	12,430	2017.05
	つるが ↑	11,193	2015.05		神王丸	13,620	1999.11
	とかち	9,858	2002.11		神加丸	16,726	2014.05
	なのつ	8,348	1999.11		神珠丸	14,052	2019.07
	ひだか ↑	11,185	2015.01		神瑞丸	13,097	2001.05
	ほくと ↑	11,193	2015.09		神泉丸	13,089	2002.03
	ましう ↑	11,229	2018.03		神明丸	13,091	2000.12
	まりも ↑	11,229	2018.01	琉球海運株式会社 現状維持	かりゆし	9,943	2002.11
JFE 物流株式会社 大型化	黒隆丸	5,195	1992.02		しゅれいⅡ	11,687	2017.08
	JFE ヴィーナス ↑	9,378	2018.01		ちゅらしま	9,483	2014.07
	JFE マーキュリー ↑	9,368	2009.02		にらいかないⅡ	11,687	2017.11
	紫隆丸	5,137	1993.03		みやらびⅡ	10,184	2010.07
	白隆丸	5,195	1991.11		勇王丸	9,348	2001.06
	碧隆丸	5,196	1992.04		わかなつ	10,185	2006.09
	緑隆丸	5,199	1997.01				
株式会社フジトランスコーポレーション 現状維持	あつた丸	16,053	2012.01				
	いずみ丸	13,038	2018.12				
	きぬうら丸	12,691	2007.02				
	清和丸	15,781	2006.02				
	ふがく丸	11,573	1997.02				
	ふじき	15,986	2017.06				
	蓉翔丸	14,790	2003.01				

出所）船の便覧 2021 記載のフェリー・RORO 船の保有隻数より筆者作成

　であることを示している。他方，フジトランスコーポレーション，栗林商船，琉球海運においては，2017 年や 2018 年の新造船は大型化を進めておらず，現状維持となっていることがわかる。今後の取扱量の増加が見込まれる船会社では物量の拡大を予測し拡大を進める一方，物量の不確実性を見込む船会社は現状維持を選択していることが考えられる。
　表 4-5 は保有船の船価の違いを示している。船会社の経営に与える影響については，「海運業各社が採用している方式の違い」「保有船隻数の違い」「船

表 4-5　船価の違い

施工年数	船名	フェリー	積み荷	GT	船主	オペレーター	造船所	船価（約）
2015.1	いずみ	フェリー	車両・旅客	15,897	阪九フェリー	阪九フェリー	三菱重工業	約80億円
2015.9	フェリーびざん	フェリー	車両・旅客	14,920	名門大洋フェリー	名門大洋フェリー	三菱重工業	約60億円
2016.1	フェリーおおさかⅡ	フェリー	車両・旅客	13,000	オーシャントランス	オーシャントランス	尾道造船	約50億円
2017.2	らべんだあ	フェリー	車両・旅客	14,125	新日本海フェリー	新日本海フェリー	三菱重工業	約100億円
2017.9	ひまわり8	RORO 船	車両	10,620	日本通運	日本海運	三菱重工業	約40億円
2017.11	しゅれいⅡ	RORO 船	車両	11,687	琉球海運	琉球海運	佐伯重工業	約42億円
2018.1	JFE ヴィーナス	RORO 船	鋼材	6,378	東洋海運	JFE 物流	JMU	約35億円
2018.4	PIONEER・A	RORO 船	鋼材半製品	6,500	商船三井	神鋼物流	新来島どっく	―
2018.4	おれんじえひめ	フェリー	車両・旅客	14,749	四国開発フェリー	四国開発フェリー	今治造船	約80億円
2019.6	海王丸	RORO 船	シャーシ商品車	13,650	オーシャントランス	オーシャントランス	内海造船	約50億円
2020.6	天王丸	RORO 船	シャーシ商品車	13,650	オーシャントランス	オーシャントランス	内海造船	約50億円

出所）「2021 年版内航海運データ集」より集計し筆者作成

舶における距離の違い」「保有船の船価の違い」「保有期間の違い」を見る必要がある。船価については，公表が限定されることが多く，参照したデータでも概算値（約）に留まっている。特徴としては，G/T（総トン数）に応じて必ずしも船価が上昇することはないことがわかる。船舶の個別の仕様によって船価が決まっていることが考えられる。

　船会社の対応策については，船舶と運賃の関係を考える際，新造船投入の判断と耐用年数の取り扱いを考えることが不可欠である。船舶の保有期間の違いについては，**表 4-6** に示す。船の便覧に掲載の隻数 4,098 隻のうち，竣工年が掲載されている船舶は 4,003 隻，竣工年の平均は 2002 年である。その他を除くと，フェリーの隻数は 263 隻と多いことがわかる。また竣工年の平均を見ると，コンテナ専用船が 2012 年と船舶のなかでは最も新しい。また，その他を除くと，コンテナ専用船が他の船舶に比べて最も新しく，標準偏差 5.0 と最も少なくなっている。他方，フェリーの標準偏差 10.9，RORO 船の

表 4-6　各船舶の種類による竣工年月[21]

	竣工年月		
	隻数	平均	標準偏差
コンテナ専用船	29	2012.1	5.0
フェリー	257	2003.4	10.6
RORO 船	91	2008.3	8.9
自動車専用船	25	2006.7	6.9
LNG 船	19	2001.2	9.3
その他	3,512	2003.2	11.2
総計	3,935	2003.4	11.1

※フェリーは，竣工年不明の2隻を除いた隻数

　標準偏差8.6は他の船舶に比べて大きくなっており，フェリーやRORO船を保有する各社に違いがみられるといえる。今後の課題としては，RORO船研究が対外的な情報が少なく検討しにくい面はあるが，周辺研究領域をみながら，より研究を進める必要がある。

　関連した動向として，冷凍・冷蔵輸送大手のランテック（福岡市）は九州―関東間で，2021年よりフェリーでの海上輸送を開始している。同社は2019年から，九州―関西間で宮崎港から神戸港へのフェリーを使い，宮崎，鹿児島両県で生産されたブロイラーを運んでいる。これに加えてランテックは，フェリー会社の協力を得て，船体にWi-Fiルーターやアンテナを取り付け，衛星を通じて陸からリアルタイムで24時間コンテナ内部の温度を監視・制御できるようにした。設定温度と実際の温度にずれが生じていないかなどを監視し，必要なら設定温度を調整して最適な温度になるような取り組み[22]を進めている。一般に，竣工年月からカウントしておよそ20年～30年で船舶は更新される。各船会社はこうした船の更新を見据えて，新しいサービスを展開することになる。船会社が新造船などにあたり，トラック事業者との取り組みを進めることで，引き続き国内フェリー・RORO船の活用策が模索されることになる。

第4節　トラック運送事業者からみた鉄道貨物の活用策

　トラック運送事業者各社では，ドライバーにおける休憩時間を含めた日々の継続した管理は不可欠である。この他モード連携には鉄道貨物の活用策も含まれる。

　鉄道貨物輸送からは，労働力問題の解消以外の効果はこれまで何が考えられてきたか。JR貨物の真貝社長は，2021年の日本経済新聞の取材[23]に対して，輸送量回復策では「ドライバー不足や労働時間の規制で，集荷や配達体制の強化が難しくなっている運送事業者も目立つ。貨物駅に直接荷物を持ち込んでもらったり，引き取ってもらったりする仕組みを整えて輸送量を増やしたい」と述べ，また脱炭素の機運については，「国の方針として50年の二酸化炭素排出実質ゼロが打ち出された。ESG（環境・社会・企業統治）への姿勢を見極めて投資するファンドも増えている。鉄道は環境負荷を抑えられる特性や労働生産性が高いという利点がある。（物流手段をトラックから鉄道などに切り替える）モーダルシフトを超え，最適な輸送手段を組み合わせる『モーダルコンビネーション』が進むとみている」とコメントしている。

　この分野の先行研究としては，橋本ら（2010）[24]の研究があるが，運送事業者からみた鉄道貨物の位置づけとしては，船舶に比べ，利用のしやすさがある点で注目される。

1　荷主の取組事例

　特定の荷主の取組についての専用線の取組が大きい。2021年現在，積み合わせ貨物の需要増に合わせて列車の運行体制も増強し，2021年3月に専用コンテナ列車の運行便を6本設定し，小口貨物を運ぶ定期コンテナ列車の貸し切りも増便すると報じられた[25]。貸し切り列車は現在，福山通運や西濃運輸など向けに10往復あるとしている。またJR貨物は，複数の入居者を想定するマルチテナント型施設「レールゲート」の全国での整備をすすめている。

2020年2月には，先行して東京貨物ターミナル駅（東京・品川）で拠点を設け，札幌，横浜などの整備が予定されている。以下，代表的な企業の事例を整理する。

キャノンは，サステナビリティレポート2014[26]で鉄道輸送の効率化に関する取組を紹介している。そこでは，「包装設計基準を国際基準の海上コンテナに合わせているため，国内の既存の鉄道コンテナ輸送には適さない製品があり，鉄道輸送の利用率は40％程度に留まっていました。そこで，2004年末には，これを80％へ引き上げるために海上コンテナの内寸に近く，製品を効率よく積載できる新型鉄道コンテナ「BIG ECO LINER 31」を通運業者やJR貨物と共同で開発・導入して利用を開始しました。この新コンテナの利用は，国土交通省の「平成15年度環境負荷の小さい物流体系の構築をめざす実証実験」の認定を受け，さらにこれら一連の活動により，第四回鉄道貨物振興奨励賞の最優秀賞受賞にもつながりました」としている。

トヨタでは環境報告書2020[27]において「物流活動のCO_2排出量を削減するため，生産部品や完成車などの輸送効率改善に取り組んでいます。2019年は，引き取り物流のエリア拡大，積載効率向上，トラックから鉄道へのモーダルシフトなどの取り組みを継続している」としている。

世界的な供給網によって展開する企業にとっては，新型コロナウイルス感染症の拡大が国際物流に与えた影響は大きく，2020年の世界の海上輸送は世界的なロックダウンなどで，国際貿易の縮小や輸送需要の回復など，海外主要港に滞船，遅れなどが発生し，供給網の見直しの機運も高まっている。

2　シーアンドレール

シーアンドレールは，アメリカで発展した船舶と鉄道を組み合わせた輸送方式である。日本国内では，1980年ごろから本格的な議論がされ，一部の地域では構想や特定のルートによる具体的な検討が進められてきた。小柳ら(2007)[28]は，北部九州中枢国際港湾における国際シーアンドレールの可能性，岡野(2008)[29]は，東アジア経済圏の国際シーアンドレールとして九州におけ

る産業の動向と物流事情について，土斐崎ら（2009）[30]は，博多港を基点とする国際シーアンドレールの現状と課題について検討している。また稲村（2010）[31]は，環日本海地域におけるシーアンドレール構想と港湾間パートナーシップの可能性について，港湾整備と国際競争力強化の課題として検討している。

　日本においては，全国を横断した明確なルートを見出だせないことから，韓国などの近隣のアジアとつなぐ国際間の一部ルートに検討はとどまってきた。その理由としては，シーアンドレールは複合一貫輸送として検討されてきたが，従来は貨物を追跡する情報技術が未整備だったことや，明確な荷主の確保が難しかったことがある。このため，主に国際流通の一分野としての検討に限定されてきた。ここにきて，第3の輸送モード「シーアンドレール」が海上輸送，航空輸送のスペースひっ迫，運賃高騰で再び注目[32]されており，三浦（2021）[33]でも秋田港シーアンドレール構想推進協議会の取り組みが紹介された。

　また，日本通運は2021年8月に国内複合一貫輸送サービス「Sea & Rail 九州ルート」を販売開始し，従来の「Sea & Rail 北海道ルート」に新たに九州ルートを追加することで，輸送ルートを複線化したと報じられた[34]。太平洋側を北海道から九州まで鉄道と内航船によって繋ぐことで輸送ルートの選択肢が増えている。このように様々な輸送ルートを組み合わせた展開が可能となり，国内で少なかった「シーアンドレール」の動きも注目される。

3　特殊車両の通行許可制度[12]

　トラック運送事業者からみた国内フェリー・RORO 船の活用策を進展させるためには，特殊車両の通行許可制度における課題を解消する必要がある。例えば，国土交通省中部地方整備局四日市港湾事務所発注の臨港道路橋梁製作・架設工事において，工場製作された橋桁ブロックの長距離輸送にRORO 船を活用している。当該輸送ルートでは，三井造船鉄構エンジニアリング大分工場から大分港（大在地区，海上輸送 RORO 船北王丸）を経由し，清水

港（袖師 8 号岸壁，陸上輸送高速道路）から陸送で四日市港という全行程が陸送ではない方法が取られた。本事例には以下の特徴がある。

1）長距離運行の特殊車両通行許可取得の調査が省力化（道路状況，走行可能時間外の待機場所の確保など）できたという。

2）実運送部分だけではなく，許可などの段取り部分も，ある意味広義の運送行為，運送時間である。上記の範囲で見通せば，これまでの全行程陸送を変えていける部分も残されているといえる。

3）国道事務所での事務負担のあり方は残された課題である。脇嶋ら（2015）[37]は我が国における物流の効率化と大型車取締りの適正化方法を模索している。このように国道事務所での事務処理が追いついていない課題がある。フェリー・RORO 船を使えばラストワンマイルのみで，トラック運送事業者による活用促進，審査体制への提言につながることが示唆される。

第 5 節　今後の課題

　本研究では，今後の国内での他モードを用いたトラック運送事業者による活用策を検討した。具体的には特殊車両の通行許可制度における課題対応のためのフェリー・RORO 船，鉄道貨物の活用促進について論じた。

　トラック運送事業と他モード連携の現状を考察した場合，以下の点が指摘できる。

①トラック運送事業者からみた国内フェリー・RORO 船の活用策については，従来モーダルシフトを論拠に展開してきたが，現在は働き方改革など上限規制としての制度的な論拠に取り組みが展開されている。

②トラック運送事業者からみた鉄道貨物の活用策をみると，各社大手企業を中心にSDGsなど社会貢献活動の一環としての取り組みとして展開している。

③他モードは，海運や鉄道以外の取り組みもあり，継続した検討が必要である。研究の蓄積が求められる。

参考文献

1）公益社団法人鉄道貨物協会「平成 30 年度本部委員会報告書：モーダルシフトで子供たちに明るい未来を」令和元年 5 月
（https://rfa.or.jp/wp/pdf/guide/activity/30report.pdf）（2022 年 5 月 23 日アクセス）

2）「トランコム─荷主と運転手仲介，DX で深化（発掘滋味スゴ銘柄）」, 2021/08/24, 日経産業新聞。

3）「コロナ下の物流危機－矢野裕児・流通経済大学教授，効率化・生産性向上の契機に（経済教室）」, 2021/02/12, 日本経済新聞。

4）「激変のひずみ（中）運転手，若者の応募急増－トラック輸送拡大，人手確保に光明（中部とコロナ 2 年目の試練）」, 2021/06/18, 日本経済新聞 地方経済面。

5）全日本トラック協会「トラック運送業界の景況感（速報）」（https://jta.or.jp/member/chosa/keikyo.html）（2022 年 5 月 23 日アクセス）

6）「JR 貨物社長真貝康一氏「第 2 青函」物流にプラス，新幹線延伸，輸送コスト増も（2021 開拓）」, 2021/01/21, 日本経済新聞 地方経済面北海道。

7）安藤朝夫「統一論題論説 交通研究：土木計画学の視点（シンポジウム学際領域としての交通研究）」交通学研究（62），2019 年，29-36 頁。

8）米倉千義・浜田誠也・津田圭介「モーダルコネクトの強化：バスを中心とした交通モード間連携の在り方（平成 29 年度講演会・調査研究発表会）」道路新産業(116)，2017 年，43-46 頁。

9）日本交通政策研究会「地域交通の維持，活性化に向けたモード間連携の在り方プロジェクト：地域交通の維持，活性化に向けたモード間連携の在り方」日交研シリーズ A（649），2016 年，1-51 頁。

10）日本交通政策研究会「地域交通の維持における住民参画の意義と課題プロジェクト：地域交通の維持における住民参画の意義と課題」日交研シリーズ A（676），2017 年，1-87 頁。

11）https://www.mlit.go.jp/common/001242557.pdf（2022 年 5 月 23 日アクセス）

12）土井義夫・板谷雄二・小畠信史・荒深友良「トラック運送事業者からみた国内フェリー・RORO 船の活用策」第 35 回日本物流学会全国大会研究報告集，2018 年，95-98 頁。

13）土井義夫「人材不足への対応からみた物流生産性の向上」朝日大学大学院経営学研究科紀要第 19 号，2019 年，1-10 頁。

14）土井義夫「国内におけるフェリー・RORO 船の活用策と課題（特集 物流研究会）」日本航海学会 NAVIGATION 第 206 号，2018 年，40-46 頁。

15）土井義夫「海運業における船舶の減価償却と運賃の現状」2021 年度 144 回日本航海学会春季物流研究会，2021 年。

16）土井義夫「海運業における船舶の減価償却と運賃」朝日大学大学院経営学研究科紀要第 20 号，2020 年，1-10 頁。

17）フェリー新造船情報（https://advectionfog.net/voyage/launching.html#13）（2022

年 5 月 23 日アクセス）

18）土井義夫・板谷雄二・小畠信史・荒深友良「労働生産性からみた国内フェリー・RORO 船事業の現状」日本物流学会誌 No27，2019 年，195-202 頁。

19）新日本有限責任監査法人『海運業（業種別会計シリーズ）』第一法規，2010。

20）木原知己著『船舶金融論』海文堂，2019 年，26-27 頁。

21）内航ジャーナル株式会社『船の便覧 2020 年度』，2019。

22）「海上輸送拡大，九州－関東でも，ランテック，脱炭素推進，コンテナ温度を遠隔制御，運転手不足も補う。」，2021/10/12，日本経済新聞 地方経済面九州。

23）同上，参考文献 6，2021/01/21，日本経済新聞 地方経済面北海道。

24）橋本悟・小澤茂樹「鉄道貨物輸送とトラック輸送との特性比較―規模の経済の推定と生産性比較を中心に―」交通学研究 53（0），2010 年，115-124 頁。

25）「JR 貨物，宅配需要に照準，物流拠点 10 ヵ所新設，30 年までに，新幹線輸送も検討。」，2021/08/09，日本経済新聞。

26）https://global.canon/ja/csr/report/pdf/sustainability2014j.pdf（2022 年 5 月 23 日アクセス）

27）https://global.toyota/jp/sustainability/report/er/（2022 年 5 月 23 日アクセス）

28）小柳久美子・岡野秀之「北部九州中枢国際港湾における国際シーアンドレールの可能性」九州経済調査月報 61（727），2007 年，3-14 頁。

29）岡野秀之「東アジア経済圏の国際シーアンドレール－九州における産業の動向と物流事情について（特集 九州とアジアの関係強化と交通）」運輸と経済 68（7），2008 年，22-30 頁。

30）土斐崎清香・岡野秀之「博多港を基点とする国際シーアンドレールの現状と課題」九州経済調査月報 63（756），2009 年，21-30 頁。

31）稲村肇「環日本海地域におけるシーアンドレール構想と港湾間パートナーシップの可能性（特集 わが国の港湾整備と国際競争力強化の課題）」運輸と経済 70（3），2010 年，59-67 頁。

32）「第 3 の輸送モード「シーアンドレール」が脚光浴びる：海上輸送，航空輸送のスペースひっ迫，運賃高騰で（欧州物流特集）」荷主と輸送 47（11），2021 年，37-40 頁。

33）三浦廣巳「インタビュー　秋田港シーアンドレール構想推進協議会　三浦廣巳会長に聞く　秋田から対岸を見据えて」ERINA report plus（160），2021 年，86-90 頁。

34）「日通の「シーアンドレール」新たに九州ルート追加　北海道から九州までつないでさまざまな輸送ニーズに対応」，日刊自動車工業新聞電子版 2021 年 8 月 5 日 https://www. netdenjd. com/articles/-/253795（2022 年 5 月 23 日アクセス）

35）「ジャパントラックショー 2022」直前特集　海陸連携で持続可能な物流構築へ，商船三井フェリー https://www.logi-today.com/489271（2022 年 7 月 20 日アクセス）

36）競争から協調へ，物流の SDGs 実現に向けて JR 貨物が担う「持続可能な物流」のかたち https://diamond.jp/articles/-/298225?page=2（2022 年 7 月 20 日アクセス）

37）脇嶋秀行，根本敏則：各国における大型車管理システム，自動車交通研究 2015（0），pp.18-19，2015

第5章

貨物自動車運送事業にかかる法制度と現状

第1節　貨物自動車運送事業にかかる法制度の変遷

　日本に自動車がもたらされたのは，諸説あるものの明治30年代初めごろとされている。明治35年ごろには自社の宣伝を兼ねて商品配送にトラックを使用する者が現れるなど，各地で自動車を使用する運送事業を行おうとする機運が高まった。

　これらを背景に，自動車の使用監理に関する法規制の整備が迫られ，府県単位で自動車取締令等が制定された。これが日本における自動車運送事業等を規定する最も初期の法令と考えられ，明治36年に京都府において運行を開始した日本で初めて免許を受けた自動車運送事業とされる乗合バスも，京都府における自動車営業取締規則の制定を待って行われたものであった。

　大正期に入り，自動車の普及に伴い自動車の使用監理等のための全国統一規定の必要性が生じたため，大正8年に「自動車取締令」が制定され，また，路線バス事業の発達を背景として，昭和6年，「自動車交通事業法」が制定された。「自動車取締令」「自動車交通事業法」とも，自動車運送事業に関する規定を含んでいたが，前者は自動車の使用に関する規制を主とするものであり，後者は主に旅客輸送を主眼としており，貨物運送に関する明確な区分はなされていなかった。

　昭和15年，自動車交通事業法の第一次改正が行われ，旅客自動車運送事業

と貨物自動車運送事業が法律上で区分されることとなった。これは，日中戦争の勃発などを背景に「生産力拡充政策に伴って物資輸送が急速に繁忙を極める状態となった結果，貨物自動車運送事業は国策遂行上極めて重大な位置を与えられ」「貨物自動車は軍事上の見地からするも必要欠くべからざるもので」（改正自動車交通事業法解説（鉄道省監督局交通法規研究会　昭和 16 年）P2）あるのに対し，「貨物自動車運送事業の現状は，（略）いまだ事業の規模も小さく，多数の商業者乱立し，而も其の間何ら連絡統制がない」（同 P3）こと，「複雑な貨物自動車の運賃に的確な基準を与え且つ之を厳格に順守せしめる方途を講ずることが特に緊要とせらるるに至った」（同 P3）こと，「事業の区分が実態に合致しない」（同 P4）ことなどの課題を受けたものであり，以降，同法に基づきトラック運送事業の発展・拡大が図られるとともに，昭和 15 年に公布されたトラック運送事業者の統合を目的とする貨物自動車運送事業合同要綱や昭和 18 年の自動車交通事業法の改正などにより，事業者の統合や「標準最高運賃」の制定等，戦争遂行に向け貨物自動車運送事業の強力な統制が行われた。しかし，統合等は不合理な部分も多く，また，戦争の激化とともに燃料・資材や徴兵等による運転者が不足し，車両や施設も徴用や戦災等により甚大な被害を受け，自動車交通事業法の下の貨物自動車運送事業は混乱の中で終戦を迎えることとなる。

　第二次世界大戦が終結し，日本が占領下におかれると，自動車交通事業法は「目下の運送の秩序の確立を期する上から見ても必要な規定もなく」，「戦争中の改正を受け，統制組合としての自動車運送事業組合を規定する等，戦時法規としての色彩をも残存して」おり，「事業運営及びそれに対する監督行政を民主化する必要が認められ」（第 1 回国会　衆議院　運輸及び交通委員会　第 15 号　昭和 22 年 8 月 28 日），また，「自動車交通事業法は（略）自家用運送に関する規定を欠いて」いること，「軽車両使用の適正化を規」すること（第 1 回国会　衆議院　運輸及び交通委員会　第 18 号　昭和 22 年 9 月 23 日）などから，昭和 22 年，自動車交通事業法が廃止され，道路運送法が公布された。同法は，「道路運送に関する秩序の確立及び事業の健全な発達並びに車両の整備及び使用の

適正化を図り，以て道路運送における公共の福祉を確保すること」をその目的とし，GHQ の示唆に基づきアメリカの法体系を参考に制定されており，戦時統制色を廃し，重要事項に道路運送委員会を関与させることで行政官庁の恣意によらない民主的な制度運用を図ることが特徴であった。

　しかし，昭和25年に勃発した朝鮮戦争による特需により日本の経済復興は加速し，自動車運送事業も急激に発展したこと，関係者から改正要望が出されていたことなどを背景に，「現行道路運送法の（略）不備欠陥を是正して」「各種の免許（略）等についての基準を，法律に明らかに定め，（略）行政の民主化をはかり」「自動車運送事業の種類を，実態に即応するように改め」（第10回国会　衆議院　運輸委員会　第19号　昭和26年3月31日）ることなどを主眼として，昭和26年，「道路運送事業の適正な運営及び公正な競争を確保するとともに，道路運送に関する秩序を確立することにより，道路運送の総合的な発達を図」ることを目的とする道路運送法が公布され，従前の道路運送法は廃止された。これにより，道路運送秩序の確立と道路運送（事業）の発達の目的の下，免許制と需給調整による参入規制が行われることとなった。

　昭和30年代に入ると，自動車が急激に普及する一方で未だ道路事情は整備不十分であったことなどを背景に自動車事故が激増，政府は交通事故防止対策本部を設け交通事故の防止を図ることとなった。その運用や事業区分等にかかる幾度かの改正が行われていた道路運送法も，上述の自動車事故増大等に加え「神風タクシー」「神風トラック」などの言葉が国会でも取り上げられるようになり，輸送の安全を向上させるための改正が行われた。昭和31年の改正では，現在でいう輸送安全規則の根拠規定が設けられ運行管理の概念が導入されるとともに，事業監査等に関する規定が整理された。昭和35年の改正では，運行管理者制度が導入されるとともに，現在でいう安全確保命令に関する事項が設けられたほか，行政処分及び監査等に関する規定が整理された。

　昭和60年代になると，経済構造の変化等を背景として物流に対するニーズが高度化・多様化し，貨物自動車運送事業においても，ニーズの変化に弾力

的に対応することが求められるようになった。

　このような状況の下，運輸政策審議会や臨時行政改革推進審議会（第二次行革審）における，経済的規制を緩和し社会的規制を強化すべきとする議論を踏まえ，運輸省において新制度の具体的内容を検討した結果，貨物自動車運送事業法が平成元年 12 月に制定され，平成 2 年 12 月より施行された。

　本法は，その目的を「貨物自動車運送事業の運営を適正かつ合理的なものとするとともに，貨物自動車運送に関するこの法律及びこの法律に基づく措置の遵守等を図るための民間団体等による自主的な活動を促進することにより，輸送の安全を確保するとともに，貨物自動車運送事業の健全な発達を図り，もって公共の福祉の増進に資すること」としており，免許制の下，需給調整規制が行われていたところを，許可制により一定の基準を満たせば自由に参入・撤退が可能となるなど，参入規制の緩和等がなされた。一方，輸送秩序と輸送の安全を確保するため，行政による指導・監督に加え，貨物自動車運送適正化事業実施機関をはじめとする業界による自主的な事業の適正化が期待されることとなった。

　その後も本法は，平成 15 年に営業区域規制の廃止や最低車両数の緩和等にかかる改正が行われるなど，社会的な要請・業界の要望等に対応し，随時法改正や規則・通達改正を重ねていった。そして，平成 30 年には，働き方改革関連法による多様で柔軟な働き方を選択できる社会の実現に向けた動きに加え，第 3 節で述べる貨物自動車運送事業における課題を背景に「事業の適確な遂行に関する遵守義務を創設するとともに，荷主に勧告をした場合における公表制度の創設等の措置を講ずるほか，貨物自動車運送事業の業務について平成三十六年度から時間外労働の限度時間の設定がされること等を踏まえ，その担い手である運転者の不足により国民生活及び経済活動の重要な基盤である円滑な貨物流通に支障が生ずることのないよう，標準的な運賃を定めることができることとする等の必要がある。」（平成 30 年 12 月 4 日提出「貨物自動車運送事業法の一部を改正する法律案」理由）として，議員立法により貨物自動車運送事業法の改正が行われ，現在に至っている。

　まとめると，貨物自動車運送事業にかかる法制度は，その時々の社会情勢と貨物自動車運送事業の状況を踏まえ，変遷を繰り返してきた。

　当初，自動車の登場と普及により法制度の整備が促された中で主に自動車の使用監理が目的であった貨物自動車運送に係る法体制は，第二次世界大戦を前にした貨物自動車運送の重要度の高まりとともに，政府による統制・統合のもと貨物自動車運送の発展が図られた。

　第二次世界大戦が終結すると，民主化の流れの中で，貨物自動車運送事業についても統制の排除と民主化が促されるとともに，免許制度と需給調整規制の下，良質な輸送力の確保が図られることとなった。

　高度成長期を迎え，貨物自動車運送事業の果たす役割が大きくなる一方で自動車事故が多発するようになり，自動車事故の防止等輸送の安全確保が求められるようになった。

　そして，安定成長期を迎え輸送需要の多様化が進み，また，各方面において規制緩和の機運が高まると，貨物自動車運送事業においても規制緩和と自由競争が促されるとともに，業界の自律が求められることとなった。

　そして，最近では，働き方改革や社会の変革の中，貨物自動車運送事業が持続的にその役割を果たしてゆくためにも，労働環境や取引環境の適正化が求められ，現在に至っている。

第2節　貨物自動車運送事業の現況

1　国内貨物量の変遷

　戦後，国内貨物輸送量は経済発展等に伴い増加し，1990〜2000年代にピークを迎え，以降漸減傾向にある。

　一方で，自動車による輸送量をトンキロベースで見てみると，1960年代に鉄道を，2000年代には内航船舶を追い越し，2010年ごろピークを迎えている。現在ではトンベースで約9割，トンキロベースで約5割が自動車により輸送されている。

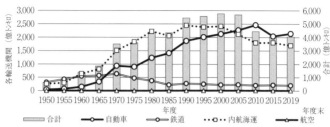

出典：交通関係基本データ 輸送機関別輸送量 貨物輸送トンキロ（国土交通省）
及び陸運統計要覧（運輸省／国土交通省）より作成
※自動車は，平成 22 年度（2010 年度）以前統計手法が変更されたため接続係数
を用いて補正

図 5-1 輸送機関別国内貨物輸送トン数の推移

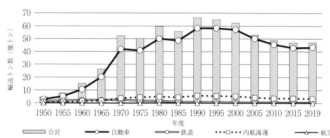

出典：交通関係基本データ 輸送機関別輸送量 貨物輸送トンキロ（国土交通省）
及び陸運統計要覧（運輸省／国土交通省）より作成
※自動車は，平成 22 年度（2010 年度）以前統計手法が変更されたため接続係数
を用いて補正

図 5-2 輸送機関別国内貨物輸送トンキロの推移

　このような自動車による輸送量の増大は，2000 年代までの物流量の増大の
ほか，道路網の整備や自動車の性能・機能の向上等を背景に，輸送需要の高
度化・多様化に自動車・貨物自動車運送事業がよく適合したことなどから，
他のモードから自動車へ輸送の転換が進んだことが要因と考えられる。

　自家用自動車と事業用自動車との分担を見てみると，戦後しばらくは自家
用自動車による輸送が優勢であったが，トンキロベースでは 1970 年代に，ト
ンベースでは 1990 年代に逆転し，現在ではトンベースで約 7 割，トンキロ
ベースで 9 割弱が事業用自動車により輸送されている。

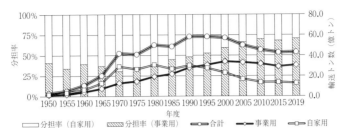

出典：自動車輸送統計調査（国土交通省）及び陸運統計要覧（運輸省／国土交通省）を基に作成

※平成22年度（2010年度）以前は統計手法が異なるため接続係数を用いて補正

図 5-3　自動車輸送トンの推移

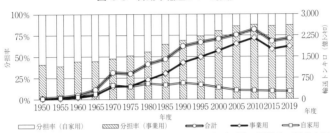

出典：自動車輸送統計調査（国土交通省）及び陸運統計要覧（運輸省／国土交通省）を基に作成

※平成22年度（2010年度）以前は統計手法が異なるため接続係数を用いて補正

図 5-4　自動車輸送トンキロの推移

また，事業用自動車が運送した貨物の出荷件数は増加傾向にあるが，出荷1件あたりの貨物量は減少傾向にあり，輸送の小口化の傾向がうかがわれる。

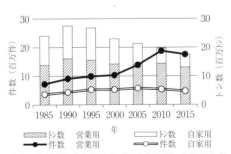

出典：全国貨物純流動調査（国土交通省）を基に作成

図 5-5　自動車輸送による貨物純流動（トン数及び件数）

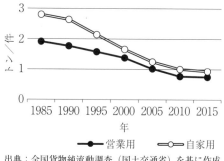

出典：全国貨物純流動調査（国土交通省）を基に作成
図 5-6　自動車輸送による貨物純流動（流動ロット）

2　貨物自動車運送事業者数と貨物自動車数の変遷

　自家用貨物自動車数は，1996 年の総数約 865 万台（登録自動車のみ）を頂点として以降漸減傾向にある。

　貨物自動車（登録自動車のみ）の保有車両数は，戦後増加を続け 1980～1990 年ごろそのピークを迎えたが，2000～2010 年にかけて減少し，以降横ばい傾向にある。

　そのうち事業用自動車が占める割合は，1960～1990 年ごろまでは 1 割を切っていたが，1990 年ごろから上昇し，2019 年では 2 割近くを占めている。

　貨物自動車運送事業者の数を見ると，1950 年は 1,390 者，1970 年では 22,985 者，貨物自動車運送事業法が施行された 1990 年（平成 2 年）では 31,690 者，2010 年では 57,829 者と一貫して増加しており，以降横ばい傾向となっている。

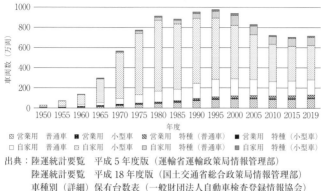

出典：陸運統計要覧　平成 5 年度版（運輸省運輸政策局情報管理部）
　　　陸運統計要覧　平成 18 年度版（国土交通省総合政策局情報管理部）
　　　車種別（詳細）保有台数表（一般財団法人自動車検査登録情報協会）
　　　以上を基に作成
※車両数は登録自動車のみ（軽自動車は含まない）
※事業者数は貨物軽自動車運送事業者を除く

図 5-7　貨物自動車数の推移

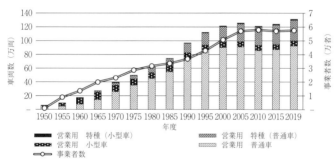

出典：陸運統計要覧　平成 5 年度版（運輸省運輸政策局情報管理部）
　　　陸運統計要覧　平成 18 年度版（国土交通省総合政策局情報管理部）
　　　車種別（詳細）保有台数表（一般財団法人自動車検査登録情報協会）
　　　国土交通省資料　貨物自動車運送事業者数（推移）
　　　以上を基に作成
※車両数は登録自動車のみ（軽自動車は含まない）
※事業者数は霊柩事業者・特定事業者・貨物軽自動車運送事業者を除く

図 5-8　営業用貨物自動車数と貨物自動車運送事業者数の推移

　これは，自動車による輸送量の増大・他モードから自動車への輸送の転換による需要増，自家輸送を行っていた者の輸送部門の独立や輸送の外部委託化の傾向などを背景に，貨物自動車運送事業法施行による規制緩和により事

業許可の取得が容易になったことが加わって，貨物自動車運送事業者数・事業用自動車数が増加したものと思われる。

第3節　貨物自動車運送事業の課題

1　貨物自動車運送事業者の規模

　貨物自動車運送事業者数は，2019年度末で62,337者を数えるが，その約半数の事業者が保有車両数10両未満，従業員数10人未満であるなど，中小事業者がその大半を占めている。

　これら中小事業者は，経営体力が弱く，また，構造的に荷主に対する立場が弱いものと考えられ，経営や輸送の効率化・合理化による生産性の向上，トラック運転者の労働環境の改善等を図ることが困難であるケースが多く見られる。

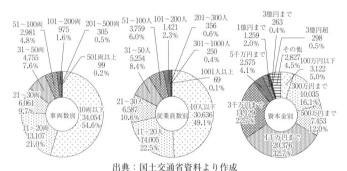

出典：国土交通省資料より作成

図 5-9　貨物自動車運送事業者数（規模別・2019年度末）

2　トラック運転者の労働条件

　厚生労働省による賃金構造基本統計調査によれば，トラック運転者は，他産業に比して平均賃金は低く，労働時間は長い傾向にある。例えば2018年では，全産業平均の年間所得は約500万円，年間労働時間は約2,100時間であるのに対し，大型トラック運転者はそれぞれ約450万，約2,500時間，普通・小型トラック運転者ではそれぞれ約410万円，約2,500時間となっている。

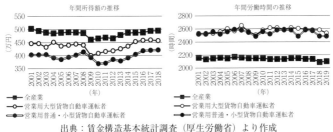

出典：賃金構造基本統計調査（厚生労働省）より作成

図 5-10　トラック運転者と全産業労働者の年間所得額・労働時間の推移

　このような状況はトラック運転者の採用等にも影響を与えていると考えられる。労働者の過不足状況別事業所割合（労働経済動向調査・厚生労働省）では，2020 年 11 月における労働者が「不足」していると回答した事業所の割合から「過剰」であると回答した事業所の割合を差し引いた数値は，統計産業全体で 26％であるのに対し，運輸業・郵便業における輸送・機械運転者については 54％となっており，トラック運転者は他産業の労働者に比べ人手不足であることがうかがわれる。加えて，年齢構成を見ると，トラック運転者は他産業に比べ中高年層が多く若年層が少なくなっている。これらから若年層の貨物自動車運送事業での採用希望者が少なく，あるいは，一度トラック運転者になっても他産業に転職してしまうことが想像される。

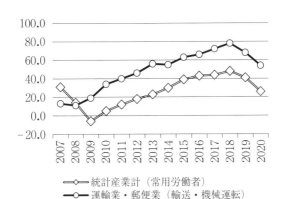

出典：労働経済動向調査（厚生労働省）より作成

図 5-11　トラック運転者と全産業労働者の過不足状況の比較

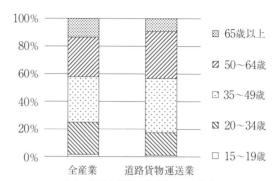

出典：労働力調査（総務省）より作成

**図 5-12　トラック運転者と全産業労働者の年齢構成の
比較**

　このような傾向は古くから見受けられ，平成2年の運輸白書では，すでに
「運輸業における労働力不足は労働時間の短縮の動きを阻害することにより，
ますます若年層を中心とする労働力が確保できなくなるという悪循環の原因
にもなっている。今後は前述のように労働時間の短縮への要請がさらに高ま
ることが予想されることから，こうした悪循環を断ち切るための抜本的対策
が必要となっている。」と指摘されている。

3　貨物自動車運送事業における自動車事故発生状況
　昭和30年代より課題となった自動車事故件数は各種の安全対策や安全に
関する規制等もあって減少傾向にあるが，一方で，トラック運転者の健康上
の原因による事故件数は最近増加傾向にある。

　これは，上述のとおりトラック運転者の中高年層の割合が多いこと，他産
業に比して労働時間が長いことなどが背景にある可能性がある。

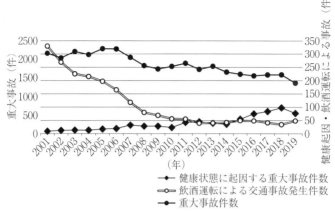

出典：事業用自動車事故統計年報（国土交通省）より作成

図 5-13　事業用貨物自動車による事故件数の推移

4　トラック運送事業者と荷主との関係

　トラック運送は国内貨物運送の大きな割合を占め，経済活動や国民生活を支える重要な社会インフラである一方，トラック運送の実態として，荷役等の契約に含まれない附帯業務や長時間の荷待ちを行わざるを得ないなど，契約条件や運行実態がトラック運送事業者側に不利なものとなっており，結果として無理な運行やトラック運転者の長時間労働が発生している事例が見受けられる。

　これは，トラック運送事業者は顧客である荷主に対し取引関係上弱い立場に置かれがちであるのに加え，運送実態と安全運送を支える諸規制についての認識に荷主とトラック運送事業者との間で大きな開きがあることが背景にあるものと考えられる。例えば，国土交通省が令和2年度に実施した「トラック輸送状況の実態調査」では，トラック運送事業者の9割以上は改善基準告示や荷主勧告制度の存在を承知しており，約8割はその内容を理解しているとの回答であったのに対し，荷主の約5割が改善基準告示等の存在を承知しておらず，制度の具体的な内容について知っていると回答した荷主は約2割

に留まった。加えて，荷待ち時間について，荷主の約 6 割が発生していない
と回答した一方，実運送事業者の約 7 割が発生していると回答している。

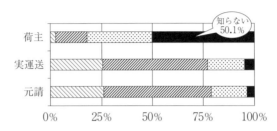

□詳しい内容を知っている
☑おおよその内容を知っている
□存在は知っているが，内容までは知らない
■存在も内容も知らない

トラック輸送状況の実態調査結果　概要版（令和 2 年度）及び
同　全体版（令和 2 年度）（国土交通省）より作成

図 5-14　「改善基準告示」の認知度

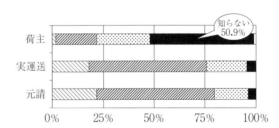

□詳しい内容を知っている
☑おおよその内容を知っている
□存在は知っているが，内容までは知らない
■存在も内容も知らない
□その他

トラック輸送状況の実態調査結果　概要版（令和 2 年度）及び
同　全体版（令和 2 年度）（国土交通省）より作成

図 5-15　「荷主勧告制度」の認知度

こうした背景から，国土交通省では「ホワイト物流」推進運動の展開等，
関係機関と連携し荷主等に対しトラック運送への理解を求めるとともに，
「トラック輸送における取引環境・労働時間改善協議会」の開催及び同協議会

で作成された「トラック運送サービスを持続的に提供可能とするためのガイドライン」の啓発等により，荷主とトラック運送事業者が一体となって問題解決を行えるよう環境整備に努めている。また，トラック運送事業者の違反行為について荷主の関与が認められる場合などは，第 4 節で述べる「荷主勧告制度」を運用している。

5　貨物自動車運送事業法等関係法令の遵守等

　これまでに述べたように，トラック運送事業者及びトラック運転者の置かれた経営環境・労働環境は厳しいものがある。このような厳しい環境に置かれたトラック運送事業者の中には，適切な運行管理や労務管理，トラック運転者に対する指導教育や車両の点検整備等，輸送の安全確保に関する業務をおろそかにするなど，事業を適切に運営できていない者も残念ながら存在する。

　そのような事業者には，トラック運送事業の健全な発展を図ることを目的に創設された貨物自動車運送適正化事業実施機関による指導等により自発的な改善を促していくほか，運輸局・運輸支局による運送事業者監査の実施により確認された違反行為については行政処分を行い，改善させることとなる。

　一方で，行政処分を前に事業を自主的に廃止し別法人等で許可を取得し処分を逃れつつ事業を継続しようとする者，仮に行政処分を受けても別法人・別営業所で事業を継続しようとする者などが現れ，行政処分の有効性や公平性を脅かす事例も発生している。

第 4 節　国土交通省の取り組み

　第 3 節で述べたとおり，貨物自動車運送事業は各種の課題を抱えている。
　このような状況を踏まえ，議員立法により平成30年に行われた貨物自動車運送事業法の改正では，参入規制の適正化，事業者が遵守すべき事項の明確化，標準的な運賃の告示制度の導入，荷主対策の深度化の 4 点を主な内容と

している。

　本節では，これを受けた国土交通省における具体的な取り組みについて述べてゆきたい。

1　参入規制の適正化，事業者が遵守すべき事項の明確化

　新たに貨物自動車運送事業を営むには，経営許可申請（新規許可の申請）を国土交通省に提出し審査を経て許可を得なければならない。

　この申請を提出する申請者から，貨物自動車運送事業を営むことにつき不適格な者を排除するため「欠格事由」が設けられており，本改正により参入基準の厳格化を行った。

　具体的には，欠格期間が2年から5年に延長され，許可を受けようとする者の親会社が貨物自動車運送事業の許可の取消しを受けて5年を経過していない場合，並びに許可取消しの行政処分を受ける前に自主的に貨物自動車運送事業を廃止した者が廃止の届出を出して5年を経過していない場合の2つが欠格事由に追加された。

　加えて，貨物自動車運送事業の適切な運営が担保されるよう，貨物自動車運送事業法に「事業用自動車の数，自動車車庫の規模」などの事項に関し，「その事業を継続して遂行するために適切な計画を有」し，また「事業を自ら適確に，かつ，継続して遂行するに足る経済的基礎及びその他の能力を有するものであること」が明記された。

　事業許可を取得した後における取扱いについても適合基準の厳格化を行っている。

　事業用自動車の数に関して，事業計画変更に伴う事前の届出により自動車車庫への収容について審査を行っているが，これに加えて事業用自動車の数が一定の割合以上急増する場合や一定の行政処分を受けた事業者が車両数を増やす場合など，貨物自動車運送事業法に定める認可の基準に適合しないおそれがある場合は申請の対象とし，厳密な審査を行うこととした。

　加えて，事業の拠点となる営業所を増設，自動車車庫の収容能力の拡大等

の事業規模の拡大となる申請を行う場合は，当該トラック運送事業者の貨物自動車運送事業適正化実施機関が行う巡回指導による総合評価や申請に係る営業所に配置している事業用自動車が有効な自動車検査証の交付を受けているか等を踏まえ，法令遵守が十分，かつ確実に行われていることを審査することとした。

運送約款の認可基準も明確化された。

具体的には運転時間と，それ以外の時間である荷待ち時間や附帯業務にかかる時間を明確に区別して全ての業務において対価が生まれるよう，運送約款において，原則として運送の対価である運賃と，運送以外のサービスの対価である料金を分けて収受することとした。

これに伴い，運賃と料金を区別した約款を使用している事業者でなければ，先に述べた事業規模の拡大となる申請はできないことになった。

2　標準的な運賃の告示制度の導入

先に述べたように，貨物自動車運送事業の「年間労働時間」は全産業の平均よりおよそ 2 割長く，また賃金も全産業の平均よりおよそ 1 割から 2 割低い現状である。このような状況は，荷主に対する交渉力が弱いこと等が原因で，多くの事業者が本来必要とする原価を賄うだけの対価が収受できておらず，労働時間や賃金の改善に至っていないことなどが背景にあると考えられる。

また，令和 6 年度から貨物自動車運送事業においても時間外労働の上限規制が適用される予定であり，長時間労働の是正が迫られている。

このような状況を踏まえ，本改正により「標準的な運賃の告示制度」が設けられ，令和 2 年 4 月「標準的な運賃」が告示された。

「標準的な運賃」は，法令を遵守して持続的に事業を行ってゆくための参考となる運賃を示したものであり，トラック運送事業者が自らの運送原価を認識したうえで荷主等との価格交渉の際の目安となることが期待されたものである。

　標準的な運賃の策定にあたっては，まず，燃料費やタイヤ費等を基にした運行費，償却年数を 5 年に定めた車両費，全産業平均の単価を基にした人件費，車両の管理や保険料を含めた間接費及びその他費用を合わせ車両 1 両の 1 年あたりの適正な原価が算出された。

　これに車両 1 両の 1 年あたりの利益率を勘案した適正利潤を加え，年間稼働時間を約 2,100 時間程度と定めて時間制運賃を，年間走行距離を約 7 万キロメートル程度と定めて距離制運賃を車種，車格別に作成した。

　さらに，全国各地域間の人件費や物価の差を考慮し，各地方運輸局が管轄する 10 地域ごとに，その地域での標準的な運賃を策定した。

　標準的な運賃を含む標準約款では，主に運送にかかる費用を「運賃」とし，待機時間料や積込み料，取卸し料，高速道路利用料といった運送に付加される費用を「料金」として分別し設定し，それぞれ別々に収受するよう定めている。

　これにより，これまで曖昧にされていた費用（運び賃）を明確に分けられることから，費用の計算や請求が簡易になった。

3　荷主対策の深度化

　トラック運送事業が「生活（くらし）と経済のライフライン」として高い輸送品質を維持するとともに，生産性を向上させ安定的な荷物の供給を可能とし世界に誇る安全な輸送サービスを提供していくために，ドライバーの長時間労働の是正等の働き方改革を進め，コンプライアンスの確保が必要である。そのためには，荷主（「荷主」には発荷主のほか，着荷主や元請事業者も含まれる。）や配送先の都合による長時間の荷待ち・荷役時間やドライバーが労働時間のルールを遵守できないような運送の依頼等を発生させないことが重要であり，荷主の理解と協力が必要不可欠である。

　一方で，第 3 節で述べたとおり，トラック運送事業者は取引上荷主に対し弱い立場に置かれがちであり，また，運送実態と安全運送を支える諸規制についての認識に荷主とトラック運送事業者との間で大きな開きがあり，国土

交通省では荷主等に対するトラック運送事業に関する啓発と荷主とトラック運送事業者が一体となって問題解決を行えるよう環境整備に努めるとともに，トラック運送事業者の違反行為について荷主の関与が認められる場合などには，貨物自動車運送事業法第64条の「荷主への勧告」を根拠として「荷主勧告制度」を運用している。

　この「荷主勧告制度」は何度か見直しが行われており，直近では令和元年7月1日より新制度が施行されている。

　荷主勧告制度では，トラック運送事業者による運送で過積載運行や過労運転に伴う法令違反行為が確認され，当該違反行為に対し行政処分を行う場合に，当該違反行為が荷主の指示に基づき行われたことが明らかであるなど荷主の行為にかかる主体的な関与が認められるときは，国は当該荷主に対し違反行為の再発防止を図るため適当な措置を執るべきことを勧告することができるとされており，荷主勧告を発動した場合には，当該荷主名及び事案の概要が公表される。また，勧告の発動に至らないまでもトラック運送事業者の法令違反の原因となるおそれのある行為（以下「違反原因行為」という。）をしている疑いのある荷主に対しては，関係省庁と連携して，トラック運送事業者のコンプライアンス確保には荷主の配慮が重要であることについて理解を求める「働きかけ」や違反原因行為をしていることを疑う相当な理由がある場合には「要請」といった措置が設けられている。

　荷主勧告等に係る違反原因行為の類型として，荷主が事業者に対する優越的な地位や継続的な取引等を利用して，①荷主の都合による荷待ち時間の恒常的な発生，②適切な運行では間に合わない非合理的な到着時間の設定，③積込み直前に貨物量を増やし重量違反等となるような依頼，といった行為の実行並びに④荷主がトラック運送事業者に対し，違反行為を指示，強要等が挙げられる。

　荷主とトラック運送事業者とが荷主勧告制度について，より認識を深め，両者が連携し，様々な課題に向き合うことでトラック運転者の労働環境の改善，ひいては事故の防止・削減に繋がるものと期待される。さらに，荷主と

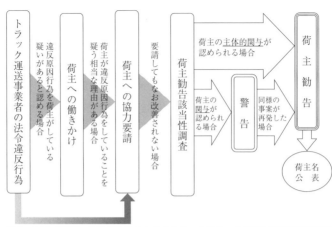

出典：国土交通省，公益社団法人全日本トラック協会，全国貨物自動車運送適正
　　　化事業実施機関発行リーフレット
・「荷主の皆様へ…トラック運送事業者の法令違反行為に荷主の関与が判
　明すると荷主名が公表されます！」（平成 29 年 7 月 1 日）
・「改正貨物自動車運送事業法〈荷主関連部分〉荷主の理解・協力を得て，
　トラックドライバーの働き方改革・法令遵守を進められるようにする
　ための改正が行われました」（令和元年 7 月 1 日）

図 5-16　荷主勧告制度の概要（令和元年 7 月 1 日〜）

トラック運送事業者の両者が一丸となって，トラック運送事業者が置かれて
いる厳しい労働環境の改善に取り組んでいくことが必要であり，労働時間削
減といった問題解決のプロセスにおいて，問題がどこにあるのか，何にある
のかを両者が認識しその問題に対する適切な課題を導き出していくことが求
められる。

4　事後チェック体制の強化

　平成 2 年 12 月に貨物自動車運送事業法が施行と，平成 15 年 4 月の同法改
正により事業の参入規制や経済的な規制の緩和が図られ，市場の活性化を促
した。一方で，運賃等の競争が進展し，輸送の「安全」「安心」なサービスの
提供といった社会的要請，地球温暖化などの「環境」問題といった社会的課
題並びに年々高まる利用者ニーズへの対応をおろそかにするばかりか，運転

者に対し長時間労働や過労運転等劣悪な労働条件を強いる悪質事業者が散見されるようになった。こうした事業者による死亡等の重大事故の惹起，長時間労働や過労運転等による労働災害の発生及び業界の更なる労働条件の悪化，公正・公平な競争を阻害する著しい運賃・料金の低下及びこれによる過当競争の激化，コンプライアンスの軽視による市場の乱れなどが問題視されることとなった。

　これを受け，前述のとおり，参入規制の適正化，事業者が遵守すべき事項の明確化が図られるとともに，参入後においても健全な事業運営のチェックのための行政による監査・指導の実施や法令違反に伴う行政処分の強化などの事後チェック体制の構築が求められた。また，貨物自動車運送のあり方の検証において，貨物自動車運送事業法等関係法令の遵守の徹底を図っていくのと併せて，同法令等の定めに従わない事業者に対する厳正な対応や行政処分基準・罰則の強化を図り，より強固な事後チェック体制とすべく，貨物自動車運送適正化事業実施機関と連携した事業者指導が必要であると行政等による管理監督の方向性が示された。

　しかしながら，この間のトラック運送業界は，先の過当競争における運賃水準の低下や排出ガス規制等の多くの規制などから経営面での余裕を失い，従業員指導や法令遵守の欠如も散見されるようになってきた。その結果，悲惨な事故も後を絶たず，そのたびごとに法令改正や行政による新たな通達が追加され，行政処分が強化されるという負の連鎖までも招く事態となっている（**表 5-1**）。

　近年の事業用自動車による交通事故件数は年々減少傾向にあったが，社会的影響の大きい事故が絶えず発生していたことなどから，国土交通省は事業用自動車に対する安全対策を振り返った上で，ハード・ソフト両面から，総力を挙げて事故の削減に取り組む必要があるとして平成 21 年に事業用自動車総合安全プラン 2009 を策定し，PDCA サイクルに沿った更なる事故削減のための取り組みを行った。平成 29 年には 2020 年東京オリンピック・パラリンピックを控え，物流の一層の活発化や少子高齢化が進む中での輸送サー

表 5-1   貨物自動車運送事業の安全に関する規制の歴史

年月	法令・規則等		
平 15 年 4 月	貨物自動車運送事業法改正	事後チェック体制の強化	行政処分基準の強化 公安委員会との連携強化　等
平 18 年 2 月～ 平 18 年 8 月		監査及び行政処分基準の更なる強化	無通告監査の実施 フォローアップ監査の実施 関係行政機関との相互通報制度の充実 悪質違反に対する行政処分の厳格化
平 18 年 10 月	道路運送法・貨物自動車運送事業法改正	運輸安全マネジメント制度の導入	安全統括管理者の選任及び安全管理規程の策定等を義務付け
平 19 年 7 月		運行管理者資格者証返納命令の発令基準の強化	運行管理者が点呼を全く実施していなかった場合等に適用
平 20 年 4 月		監査及び行政処分基準の更なる強化	労働基準監督署との合同監査・監督の実施
平 21 年 3 月	事業用自動車総合安全プラン 2009 策定	10 年後までに死者数，人身事故件数を半減及び飲酒運転ゼロの目標設定	運転者の労働環境改善 アルコールチェッカーの義務付け ドラレコ，デジタコの普及促進　等
平 21 年 9 月		監査及び行政処分基準の更なる強化	飲酒運転に対する行政処分基準の強化 行政処分逃れの防止　等
平 21 年 10 月～ 平 22 年 7 月		安全プランを踏まえた安全対策の強化	運転者に対する指導監督の強化 健康管理マニュアルの策定　等
平 23 年 4 月		監査及び行政処分基準の更なる強化	アルコール検知器の使用が義務付け，これに伴う行政処分基準の追加　等
平 23 年 5 月		飲酒運転根絶のための基準の強化	点呼時にアルコール検知器使用による酒気帯びの有無の確認を義務付け
平 25 年 5 月	貨物自動車運送事業輸送安全規則改正	5 両未満営業所への運行管理者選任義務付け	1 年間（平 26 年 4 月 30 日まで）の経過措置期間内に選任を義務付け
平 25 年 10 月及び 11 月		監査及び行政処分基準の見直し（厳格化）	悪質事業者への集中的な監査実施 悪質違反に対する厳格な処分基準
平 26 年 11 月	事業用自動車総合安全プラン 2009 中間見直し	5 年間の事故等発生，施策の進捗の状況等を踏まえ見直し	重点施策に「関係者一丸となった行動，構造的な課題への対処」を，目標に「危険ドラッグ等薬物使用による運行の絶無」を追加　等
平 27 年 4 月		運行記録計の装着義務付け対象の拡大	車両総重量 7 ㌧以上または最大積載量 4 ㌧以上の事業用トラックに装着義務付け

表 5-1　貨物自動車運送事業の安全に関する規制の歴史（つづき）

年月	法令・規則等		
平 27 年 7 月		乗務時間等告示違反事業者に対する適正化機関との連携	過労運転のおそれのある事業者に対し適正化機関による早期巡回指導を実施
平 28 年 8 月		労働基準監督機関との更なる連携	健康管理に関する違反（健康診断未受診）を相互通報対象に追加
平 29 年 6 月	事業用自動車総合安全プラン 2020 策定	東京 2020 オリ・パラを見据え，より安全な輸送サービス提供の実現目指す	行政・事業者・利用者が連携した安全トライアングルの構築，飲酒運転等悪質違反の根絶　等
平 30 年 6 月	貨物自動車運送事業輸送安全規則改正	睡眠不足に起因する事故防止対策	睡眠不足により安全な運転ができないおそれの有無の確認を追加
平 30 年 7 月		行政処分の強化	過労防止関連違反に係る処分量定引上げ使用停止車両割合の引上げ
令元年 11 月	貨物自動車運送事業法改正	行政処分等の基準見直し	改正法により新設又は改正された違反行為に対する処分量定を新設及び引上げ
		輸送の安全確保命令の発動基準改正	悪質な法令違反に関する早期改善を徹底させる措置を制定
令 2 年 11 月		監査方針の改正行政処分基準の強化	妨害運転を行った事業者を監査対象に追加，悪質な違反に対する処分を追加
令 3 年 3 月	事業用自動車総合安全プラン 2025 策定	社会環境等の変化に必要な対策を講じ世界に誇る安全な輸送サービス提供の実現目指す	安全トライアングルの定着，「新たな日常」における安全・安心な輸送サービスの実現　等

ビスの確保，運転者不足の深刻化，働き方改革や生産性向上の取組等様々な動き・変化を踏まえ，確実に事故削減を実現させるため，事業用自動車総合安全プラン 2020（以下「安全プラン 2020」という。）を策定し，行政・事業者の安全対策の一層の推進と利用者を含めた関係者の連携強化による安全トライアングルの構築を図った。

　安全プラン 2020 策定後も事業用自動車による交通事故件数は減少していったものの，子供が犠牲となる痛ましい事故など社会的影響の大きい事故が絶たれず，目標として定めた交通事故件数の削減の達成には至らず，根絶を掲げた飲酒運転も依然として散見され，健康状態に起因する事故の発生が

（人）

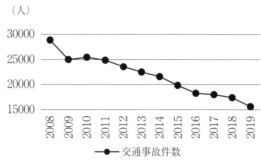

国土交通省自動車監査業務研修資料警察庁「交通統計」
（公財）交通事故総合分析センター「事業用自動車の交通事故統
　　　計」より作成
**図 5-17　トラックの交通事故発生件数（事業用自動車総
　　　　　合安全プラン 2009 策定以降)**

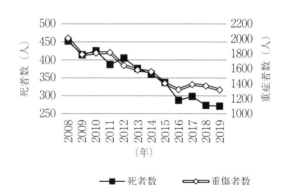

国土交通省自動車監査業務研修資料警察庁「交通統計」
（公財）交通事故総合分析センター「事業用自動車の交通事故統
　　　計」より作成
**図 5-18　トラックの死亡事故・重傷事故発生件数（事業
　　　　　用自動車総合安全プラン 2009 策定以降)**

　増加傾向にあったことから，今一度交通事故を防ぐために取りうる限りの手
を尽くし，かけがえのない命を交通事故から守っていくための議論，検討が
行われた。
　ここでは，新型コロナウイルス感染症拡大に伴う甚大な影響や豪雨による

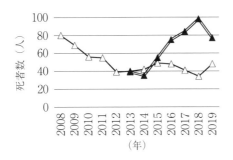

国土交通省自動車監査業務研修資料警察庁「交通統計」
（公財）交通事故総合分析センター「事業用自動車の交通事故統計」より作成
図 5-19　トラックの飲酒運転事故・健康起因事故発生件数（事業用自動車総合安全プラン 2009 策定以降）

大規模水災害・雪害が激甚化・頻発化するなど人々の生活が「新たな日常」へと移行することを余儀なくされている中で，事業用自動車の安全対策を推進するためには，大きな社会変容に伴う事業環境の変化に注視し，臨機応変に必要な対策を講じることを考慮しつつ，行政・事業者・利用者といった事業用自動車の安全対策に取り組む関係者それぞれの立場による相互的な取組は道路運送の安全確保に相乗的な効果を生む‘安全トライアングル’の構築が重要であり，安全プラン 2020 での取組を継続的に実施し，その効果を確実なものとするために一層の定着を図っていく必要があるとの結果に至った。これを踏まえ，令和 3 年にまとめられた事業用自動車総合安全プラン 2025 では，重傷者数，各業態の特徴的な事故に対する削減目標を新たに設定し，依然として発生する飲酒運転，健康起因事故等への対策，先進技術の開発・普及を踏まえた対策，超高齢社会におけるユニバーサルサービス連携強化を踏まえた事故防止対策等を盛り込み，世界に誇る安全な輸送サービスの提供の実現を目指し，各関係者による安全対策が取り組まれている。

　このように，自動車運送に係る事故の削減に向けた取り組みが進められているが，事故を未然に防ぐためには，運輸の適正化と法令遵守が不可欠である。そのために，各種講習による知識の習得と貨物自動車運送適正化事業実施機関による巡回指導といったトラック運送業界が自らを律する取り組みのほか，国土交通省によるトラック運送事業者に対する監査等での事業開始後の事後チェックが求められている。

　トラック運送事業者に対する監査は，貨物自動車運送事業法（平成元年法律第 83 号）第 60 条第 4 項及び「自動車運送事業等監査規則（昭和 30 年運輸省令第70 号）」に基づき，地方運輸局・運輸支局が実施している。監査手法等は，「自動車運送事業（一般貸切旅客自動車運送事業を除く。）の監査方針について（平成 25 年 9 月 17 日付け国自安第 137 号，国自旅第 217 号，国自貨第 55 号，国自整第 161 号国土交通省自動車局長通達）」に基づき，全国統一的な取り扱いが図られている。その運用においては，「輸送の安全の確保」が最も重要であるという基本的認識の下，事故の未然防止を目的に輸送の安全確保に支障を及ぼすおそれのある重大な法令違反の疑いがある事業者に対し優先的に監査を実施し，不適切事項の是正を図っている。また，社会的影響の大きい事故を引き起こした事業者や悪質な違反をした事業者に対しては特別監査を実施し，事故・違反の原因の確認に加え，その是正と事故・違反の再発防止と法令遵守の徹底を図る等，効果的な監査の実施に努めている。

　監査の種類には，「特別監査」（社会的影響の大きい重大事故の惹起又は悪質な法令違反が疑われるものといった厳格な対応が必要と認められる事業者に対して，全般的な法令遵守状況を確認する）と「一般監査」（特別監査以外のものであって，監査を実施する端緒（以下「監査端緒」という。）に応じた重点事項を定めて法令遵守状況を確認する）があり，「一般監査」では，監査端緒に応じて監査の実施時期及び重点的に確認する事項を定め，効率的かつ効果的な実施を図っている。

　実施方法としては事業者の営業所等に立ち入って実施する「臨店による監査」と事業者の代表者又はこれに準ずる者等を運輸支局等に呼び出して実施する「呼出による監査」に大別される。特別監査及び一般監査とも，事業実

態・事業の管理状況・運転者の乗務の状況等を確認し，適切かつ効果的な行政指導を行うため，原則として無通告による臨店による監査を実施するものであるが，監査端緒により確認する事項が限定的である場合等においては呼出による監査を実施することができるとされている。

　監査において何らかの違反が確認された場合は，その違反の程度と結果の重大性に照らし貨物自動車運送事業法第 33 条の規定に基づく許可の取消し等の行政処分等を行う際の基準「貨物自動車運送事業者に対する行政処分等の基準について（平成 21 年 9 月 29 日付け国自安第 73 号，国自貨第 77 号，国自整第 67 号国土交通省自動車交通局長通達）」に従って，行政処分（軽微なものから順に，自動車その他の輸送施設の使用停止処分（以下「自動車等の使用停止処分」という。），事業の全部又は一部の停止処分（以下「事業停止処分」という。）及び許可の取消処分）あるいは勧告・警告を事業者に対し行うこととなる。なお，行政処分と勧告・警告をあわせて「行政処分等」と規定している。また，行政処分を行った事業者に対しては行政処分の内容に応じ違反点数を付しており，違反点数の累積が一定期間内に一定の基準以上となった場合は事業停止処分又は許可の取消処分を行うことになる。

　また，監査のほか事業者に自主点検表又はそれに代わるものを運輸支局等に提出させ事業の運営状況を確認する呼出指導を実施している。呼出指導は新たに貨物自動車運送事業の許可又は認可を受け事業を開始した事業者，事業の許可に付された条件を解除し事業規模を拡大した事業者，利用者等からの情報により法令違反の疑いがある事業者（ただし，特別監査又は一般監査を実施する場合を除く。）など指導が必要と認められる事業者に対し，自主的に事業の点検を行わせ，その点検結果をもとに法令遵守事項の説明を行うとともに，未遵守事項について改善を促すコンサルティングのような指導を実施している（表 5-2）。

　監査等の実施において最も重要なのは監査実施前の事前準備であり，事前準備では監査端緒に応じた事前調査を行うとともに，監査の対象となる事業者に関する情報を収集し共有することで事前調査にて得られた情報から事業

表 5-2　監査の種類，実施方法並びに監査の流れ（貨物自動車運送事業）

業態	監査の種類	監査等実施方法	対象となる事案	確認事項
貨物	特別監査	臨店による監査	引き起こした事故又は疑いのある法令違反の重大性に鑑み，厳格な対応が必要と認められるもの（社会的影響の大きいもの又は悪質なもの）	事業の全般的な法令遵守状況を確認
	一般監査	臨店による監査	事故，法令違反，事件，苦情等の状況を勘案し，臨店による監査実施が必要と判断されるもの（特別監査に該当するもの除く）	端緒に応じた重点事項を定めて法令遵守状況を確認
		呼出による監査	確認する事項が限定的であり，臨店によらなくても支障がないと判断されるもの又は事業の改善状況の確認を行うもの	同上及び事業の改善状況の確認
	呼出指導	呼出による指導	新たに許可を受けた事業者等に対し，指導が必要と認められるもの	事業者による自主的な事業の点検及び法令遵守事項の説明等

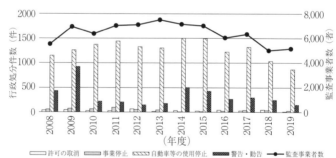

出典：国土交通省ホームページ　自動車総合安全情報～自動車の安全な交通を目指して～自動車運送事業者に対する監査実施状況等の概要

図 5-20　貨物自動車運送事業者に対する監査事業者数及び行政処分等件数

の概要や背景を可能な限り把握するよう努めなければならない。加えて，監査の重点事項を踏まえ，監査のポイントを絞り効率的かつ効果的な監査の実施が求められている。また，実施にあたっては監査端緒，監査の意義や目的

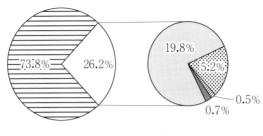

出典：国土交通省ホームページ　自動車総合安全情報〜自動車
　　　の安全な交通を目指して〜自動車運送事業者に対する監
　　　査実施状況等の概要
図 5-21　貨物自動車運送事業者に対する行政処分等の
　　　　　内訳（2008〜2019 平均）

をはっきり理解させたうえで事業者へのヒアリングにより事業の運営実態等
を把握しつつ，事業者の置かれている現状や事情等を十分に聴き取ることも
重要であり，関係法令に定める事項への適合性の確認，これに伴う違反の指
摘だけに終わることのないようにしなければならない。事業運営のプロセス
に注視し，運行管理等の安全対策が確実に講じられているか，法令に定める
事項以外で事業者の創意工夫による独自の安全に係る取り組みが行われてい
ないか，事業改善に向けた具体的かつ前向きな計画や姿勢はあるかなど事業
者の適切な取組を認めつつ，法令違反となる事項の根幹を見極めて改善を促
すような的確な指導を行うことや具体的な改善策を提供するといった監査の
実施が求められている。輸送の安全を脅かす悪質な違反行為を行う事業者に
対しては厳格な対応，それに伴う行政処分や罰則を科すことが必要である一
方，速やかな事業改善を促し，いち早く輸送の安全，事業の健全化を図るこ
とも同様に必要であり持続的な指導に取り組んでいる。

　以上のように，国土交通省は，「輸送の安全の確保が最も重要である」との
基本的認識の下，社会的情勢の変化等に対応し関係法規とそれに応じた行政
処分基準を見直すとともに，監査を通じて事業者に対し健全な事業運営の下

に必要な安全確保対策に適切に取り組み，輸送の安全の確保という社会的責務を果たしていけるよう促すなど，貨物自動車運送事業法が掲げる目的の達成に向けて，日々の取り組みを続けている。

引用・参考文献

- 運輸白書（運輸省）
- 国土交通白書（国土交通省）
- 陸運統計要覧（運輸省・国土交通省）
- 自動車輸送統計調査（国土交通省）
- 交通関係基本データ（国土交通省）
- 全国貨物純流動調査（国土交通省）
- 賃金構造基本統計調査（厚生労働省）
- 労働経済動向調査（厚生労働省）
- 労働力調査（総務省）
- 車種別（詳細）保有台数表（一般財団法人自動車検査登録情報協会）
- 日本帝国統計年鑑・大日本帝国統計年鑑（内務省）
- 日本のトラック輸送産業―現状と課題―2020
  （公益社団法人全日本トラック協会　令和 2 年 3 月）
- 日本のトラック輸送産業―現状と課題―2021
  （公益社団法人全日本トラック協会　令和 3 年 3 月）
- 全日本トラック協会 50 年の歩み
  （社団法人全日本トラック協会　平成 10 年）
- 貨物自動車政策の変遷
  （野尻俊明　平成 23 年）
- ヤマトグループ 100 年史
  （ヤマトホールディングス株式会社　令和 2 年）
- 改正自動車交通事業法解説
  （鉄道省監督局交通法規研究会　昭和 16 年）
- 貨物自動車運送事業法ハンドブック　平成 30 年 12 月改正対応
  （公益社団法人全日本トラック協会　令和 3 年 3 月）
- 荷主と運送事業者のためのトラック運転者の労働時間削減に向けた改善ハンドブック
  （厚生労働省　平成 30 年 12 月）
- 荷主と運送事業者の協力による取引環境と長時間労働の改善に向けたガイドライン
  （厚生労働省労働基準局労働条件政策課　国土交通省自動車局貨物課　公益社団法人全国トラック協会　令和元年 8 月）
- 荷主のための物流改善パンフレット

　運送事業者の事業環境改善に向けて
　（厚生労働省　平成 30 年 12 月）
・貨物自動車運送のあり方
　—いわゆる物流二法施行後の事業のあり方の検証—
　（国土交通省　平成 15 年 3 月）
・貨物自動車運送のあり方
　（国土交通省　平成 27 年 3 月）
・事業用自動車総合安全プラン 2020
　〜行政・事業者・利用者が連携した安全トライアングルの構築〜
　（事業用自動車に係る総合的安全対策検討委員会　平成 29 年 6 月）
・事業用自動車総合安全プラン 2025
　〜安全トライアングルの定着と新たな日常における安全確保〜
　（事業用自動車に係る総合的安全対策検討委員会　令和 3 年 3 月 30 日）
・トラック運送業界を取り巻く当面する諸課題等について
　（国土交通省自動車局貨物課長　伊地知　英己　令和 2 年 1 月 24 日）
・自動車総合安全情報〜自動車の安全な交通を目指して〜
　事業用自動車の安全対策 ＞ 事業者が取り組む安全対策 ＞ 事後チェック
　自動車運送事業者に対する監査実施状況等の概要
　（国土交通省　URL：https://www.mlit.go.jp/jidosha/anzen/03safety/aftercheck.
　html）
・国会会議録検索システム
・国立公文書館デジタルアーカイブ

第6章

岐阜県トラック協会の取り組み

第1節　適正化事業実施機関の発足

平成2年12月。国土交通省は，他の省庁に先がけ，規制緩和を行った。世にいう，「物流2法の施行」[1]である。

これによりトラック運送事業は，従来の道路運送法ではなく，それに内包し独立・派生した「貨物自動車運送事業法」による規制に取って代わった。参入等の経済的規制を緩和し，行政処分等の社会的規制の強化を謳い文句に，事業の健全化を図ることを目的に華々しく登場したのがこの法律であった。

この思惑は，バブル景気にある業界にとっても「吉」であったのか，新規参入が右肩上がりに増え続け，わずか20年足らずで1.5倍にも拡大したというから，一つ目の目的は達せられたと思われる。

しかし一方では，増え続ける事業者による過当競争も生じ，根幹であるべき運賃が不安定になり水準の低下を見るに至った。もともと，事業者数ほど拡大していない市場にあって，供給過多は輸送の秩序を乱し，法令遵守と事業運営を天秤にかけるような事態にも陥り，管理体制がおぼつかなくなる中で撤退していく事業者も多くみられるようになってしまった。

物流2法で特筆すべきものの一つに，「適正化事業」[2]がある。これは，今までの行政による指導監督が十分に機能していないという反省に立ち，民間

の活力による自営的な法令遵守を促すという趣旨のもと生まれたもので，指導に当たる各県の職員は，いわば2足の草鞋を履き，事に当たったものである。

　協会の職員に公務員的地位を付与するものでもあり，当初は5年後に見直すという付帯決議が添えられ検討された結果は，「概ね，順調である」との評価を受け，現在に至っている。

　しかしながらこの間のトラック運送業界は，先の過当競争における運賃水準の低下や，排出ガス規制等の多くの規制，などから経営面での余裕を失い，従業員指導や法令遵守の欠如も散見されるようになってきた。その結果，悲惨な事故も後を絶たず，そのたびごとに行政による新たな通達が追加され，行政処分が強化されるという負の連鎖までも招く事態となった。

　この間トラック協会では，特に適正化事業実施機関においては巡回指導中心の指導を行ってきたが，そこから得られたものは，「指摘を受ける項目は，どの県においてもほぼ同じ」という金太郎飴的現実であった。評価の良くない事業者には巡回頻度を密にし，さらなる徹底した指導を行ったにもかかわらず，結果は同じであった。

　なぜ，このような事態になってしまったのだろうか。

　従来から岐阜県の実施機関では，「巡回指導は件数ではなく内容」と考え，この方針の下，巡回指導と真の事業者指導の在り方を模索し，平成25年度よりそれを形にし，見える化してきた。これがいわゆる，岐阜県が提唱する「巡回指導における，予習と復習という通信教育」である。

　本編では，この岐阜県独自の指導方針について，さらには，そこから派生した様々な取り組みについて詳しく記すこととする。

　なお，今はまさに，働き方改革一色である。その一環としての労働時間の短縮，ひいては交通事故防止という，わが業界の抱える課題が解決されることなくして，この実現は程遠いと思われる。

　岐阜県トラック協会では，この面でも独自の取り組みを推進していることから，その一端も併せ紹介することとしたい。

参考）岐阜県適正化事業実施機関が独自に考案し，取り組んだ施策一覧

平成 25 年度〜　フォローアップ講習の実施

平成 25 年度　　事前・自主点検表の実施（平成 27 年度：事業者概要書に進化）

平成 27 年度　　支部への出張相談会

平成 27 年度〜　事業所ごとの評価分布及びランキング制度

平成 27 年度〜　事業者（所）概要書の実施（平成 30 年度：トラドックに進化）

平成 28 年度　　誌上セミナー

平成 28 年度　　好事例の収集・事例集の配布

平成 29 年度〜　指導員のみによる初任運転者講習の実施

平成 30 年度〜　トラドックの実施

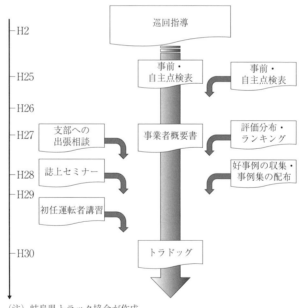

（注）岐阜県トラック協会が作成

図 6-1　取組のイメージ

第2節　適正化事業関連の取り組み

1　岐阜県適正化事業実施機関の現状

岐阜県の適正化事業を論じるに，まずはその現状を理解いただきたい。

岐阜県内の事業所数　　　1206 事業所（令和2年度末）

指導員数　　　　　6名

岐阜県は，表にあるとおり中規模程度の県であり，その活動もこれだけを見れば突出したものではない。どこにでもある県と自他ともに認めている。

しかし，その内実を見るに，他の実施機関と大きく異なる点が，特にここ数年では多くあると自負する。平成25年度以降の主なものは前頁に時系列で記したが，以下にそれを順次説明してゆきたい。

表 6-1　令和2年度　巡回指導結果（評価別）

令和2年度　巡回指導結果（評価別）

評価	A	B	C	D	E	計
事業所数	86	41	7	3	0	137

（注）全日本トラック協会の資料より岐阜県トラック協会にて作成

表 6-2　直近における事業所別評価分布（事業所ランキング）

令和2年11月末の分布表	年度当初比	指摘件数																その他
		0	1	2	3	4	5	6	7	8	9	10	11	12	13	14	15	
A	670	18	604	53	9	4													
B	445	-17		171	158	116													
C	57	0					28	20	7	2									
D	16	-1								9	2	4	1						
E	1	0											1						
その他	2	0																	2

（注）全日本トラック協会の資料より岐阜県トラック協会にて作成

2　岐阜県実施機関における指導のあり方

　一般社団法人としての岐阜県トラック協会[3]は，機関紙，ホームページ，メールマガジンに加え，各種研修会を開催し法律改正などを周知してきたものの，それは協会員のみが対象であり，県内事業者の3割強にあたる非会員事業者には伝えられていない。

　誰もが，法律は守るべきと考えているが，"知らないことによる違反"も多く，それにより不利益を被るのであれば，その責任は伝える側にもある。

　一方の実施機関は，概ね2年ないし3年ごとの巡回指導の中で，会員，非会員問わずの指導を実施している。

　岐阜県における適正化巡回指導は，岐阜運輸支局からの通知書に記載してある日時に赴き，全国実施機関が定める統一様式にて確認を行い，適否の判定をつけていた。これはどの県の実施機関でも同様であろうことから，そこに特段の違和感がなかった。物流2法が施行され四半世紀という長い間，何も感じていなかったのである。

　しかし，同じ事業所に複数回巡回し指導するも，どの回の報告書をみても，指摘の大半は何も変わっておらず（**表6-3**），同じ項目が否となっているものばかりであった。これは何を意味するのであろうか。

表 6-3　年度別指摘事項の推移（ワースト）

	28年度	29年度	30年度	元年度	2年度
ワースト1	特別指導	特別指導	点呼	点呼	特別指導
2	適性診断	点呼	過労防止	特別指導	点呼
3	点呼	適性診断	特別指導	適性診断	適性診断
4	運行指示書	健康診断	安マネ	運行指示書	事業報告書
5	健康診断	運転日報	適性診断	過労防止	定期点検

（注）全日本トラック協会の資料より岐阜県トラック協会にて作成

3　フォローアップ講習会

1）法令の再認識と改善の確認を兼ねた講習

指導項目には，①台帳などのような自社で管理するもの，②36協定のような定期的に届出・報告するもの，③点呼などのように毎日の業務として実施・記録するもの，④指導教育のように対象者の有無に応じて実施するもの，⑤過積載運行のように絶対にしてはいけないもの，などに大別される。

これらのものの幾つかが，毎回のように指摘を受けるのである。実施機関では，平成25年10月の処分基準の改正（強化）を機に，総合評価C，D，E事業所を対象に，その後の改善状況を確認しかつ法令等を再確認いただくため，「フォローアップ講習」をはじめた。

まずは，なぜ呼び出されたのかを説明し，改めて法の求めることを周知するという，半ばセミナー形式で行った。せっかく出来た改善を一過性に終わらせず，持続可能なものとする意図を含めたものであったが，結論から言うと，次回の巡回指導でも同じような指摘を受け，2回目，3回目の講習受講を要請した事業所も多く存在したことも事実である。

2）2回目以降のフォローアップ講習の手法

2回目以降の受講事業所には，法や通達の説明ではなく，指導員がコーディネーターとなり，「なぜできないのか？」を徹底的に議論しあう方式を採用した。

呼び出された事業所の指摘事項は，労働時間のような荷主等の協力を得ないと改善できないものもあったが，自社で気を付けておれば指摘を受けなかったような項目が足を引っ張り，評価を下げていることを説明し，①自社で対応が可能なもの（自責），②荷主等の協力なくてはできないもの（他責）に分類し，反省と実践を促していった。

3）フォローアップ講習で見えてきたもの

指摘事項の中で，いつも問題になるのは労働時間関係であった。「改善基準を遵守できない，それは荷主に責がある，だから点呼も100％できない・・・」という図式が事業所には根強く，「指導員あるある」でもあった。

　点呼の100％実施は，中小の事業所にとって至難を極める。積卸時の手待ち時間による拘束時間の超過がそれに輪をかける。事業者だけではどうしようもない項目については「役割分担」としての行政，県ト協（実施機関）の存在が不可欠なのだが，フリーなトークが進むにつれ，自社で何とかできるのではないのかと思われる適性診断や健康診断，特別な指導等の指摘が多いことに双方が気づくことになる。

　理由は「勤務時間が定かでない，管理者が不足している，従業員が言うことを聞かない」，等々。それらはすべて事業所で何とかすべきことではないのか，言い訳（責任転嫁）ではないのか。

　それでは，これらが充足したとしたら結果が「適」になるのであろうか。参加者の意見では，そこにも不安が見て取れた。「何を，どうしてよいのかわからない・・・」

4　事前・自己チェック表（平成25年度）と事業者（所）概要書の誕生（平成27年度）

1）巡回にあたり，事前に事業者の現況を把握

　巡回指導の結果は，評価として現れる。ということは，いわば事業者にとっての"テスト"といってよい。しかし，テスト実施者である実施機関は，参考書や問題集などを提供していたのであろうか。行政からの通達を，そのまま，しかも一方的に送り付けていただけではなかったであろうか。これでは，どうしてよいか悩む事業者が続出するわけである。

　実をいうと岐阜県実施機関は，平成25年7月より，巡回指導時に確認する項目を事前に伝え，巡回までの期間に対応していただくことを目的に，「事前・自己チェック表」を考案し，巡回指導実施案内に同封していた。

　しかし，これでは巡回を受ける事業者だけへの対応であり，その他の事業者にとっての参考書たるものではなかった。この思いから，岐阜県トラック協会の会員はもとより，岐阜県に営業所を配置する事業者（所）全てを対象に「事業者（所）概要書（以降，概要書）」による予習制度を開始した。

2）予習としての概要書 （年に 1 度の法に触れる機会の提供）

　この概要書は，その名のごとく "当該事業所のプロフィール" である。企業が面接を受ける時の履歴書といってもよいものである。

　適正化指導員は巡回指導と称して事業所を訪問するが，事前に遵守事項の情報が分かっておれば，同じ時間を有効に使えるものである。概要書は，法が事業者に求める "実施すべきことと実施してはいけないこと" を 33 項目に分類し，実施すべきことは更に，①備え付け，②届出・報告，③受講・受診・点検，に小分類してある。事業者は毎年 4 月，自社の現状を記載したものを実施機関に提出する。実施機関では記載項目をチェックし，誤記入や記載不備については事業所に連絡し訂正を求め，事業所はそれを保存する。

　この結果，巡回に要する時間が大幅に短縮され，しかもその評価は格段に向上した。しかしながら，ここでいう評価は前回との比較で向上したというものであり，法が求める遵守度 100 ％ではなく， "概ね及第点" というものも多く含んでの向上であった。

　このことは，事業所における管理の尺度が各々異なるからであり，100 ％の遵守ができなくとも， "このくらいで大丈夫" と自らに合格点をつけていることに由来する。このことは巡回指導を通じ判明済みであったが，このことは同時に，指導とは如何にすべきか，という方向性が見えた瞬間でもあった。

　なお，平成 28 年度，全国実施機関は初めて都道府県ごとの巡回目標件数を示した。かなりの負荷をかけるものであったことから，多くの実施機関がその対処に苦慮するなか，岐阜県においては目標を軽くクリアしたのは，事業者の情報把握ができていたからだと思われる。

5　誌上セミナーの開催 （平成 28 年度）

1）法の，意味と意義を伝えるためにも

　実施機関は，これまでも法律の説明は行ってきた。しかし，その実施方法を具体的に指導してきたのであろうか。答えは NO である。

　例えていうならば，「自動車は免許を取得しないと運転ができない」という

のが法律であるとすれば，どのような知識が必要なのか，どこでそれを取得
できるのか，などが分からないから悩むのである。もっとも，見様見真似で
動かすことは可能であろう。小学生が運転したという報道もあったが，それ
は本来，運転したことにはならないのではないか。

　私たちに欠けていたのは，教材の提供であった。法律や通達の目的は，そ
れを遵守させることであろうが，そのように規制されている意味や意義を私
たちが伝えることで「やらされている感をやり遂げよう感」に代えることが
できるのではないか。

　事細かに描くことで，法律を解説できる参考書（誌上セミナー）を考案した。

2）コンセプトは，手元に置いておく参考書

　当面，指摘項目の多い，①特別指導と適性診断，②点呼，③健康診断，④
過労防止，⑤社会保険等，とし，最後に⑥運輸安全マネジメントを取り上げ，
指導員が月ごとに担当・作成し，毎月の機関紙「岐ト協ニュース」やホーム
ページに掲載し，解説した。中でも，特別指導と適性診断の項目で独自に作
成した「教育・診断早見表」は好評である。

　「ドライバーを採用したが，どの診断を受けさせるのか，教育は必要なの
か」などとの相談の場合，ベテラン指導員といえども瞬時に回答することは
容易くない。この早見表は，そのような声から生まれたものであり，のちに
全ト協でも参考にしていただいた。

　この"参考書"は，最後に纏めて冊子化し配布を行った。事業者の手の届
くところにあることを祈る。

　それでも，監査方針や処分基準の強化を伴う法律の改正速度が速まりを増
すなか，事業者はもとより，指導員であっても迷うことが近年，特に顕著に
なっている。

　『もっと頻繁に法令に触れる機会を提供できないものであろうか』

　岐阜県実施機関の次なる答えは，"究極の通信教育"であった。

6　トラドックの誕生（平成 30 年度）

1）事業者概要書からの進化

　事業者概要書は，手元に置いておくだけで結果が改善されるものではない。それを活用するのは，最終的には事業所であり，事業主あるいは管理者の考え方に大きく左右される。それは重々承知の上での実施であったが，3年間実施したことにより，不完全ながらある程度の成果が得られたと自負する。「年に1度の法に触れる機会の提供」という目的はある程度達成できたと思われる。

　しかし，真の目的は，事業所の法令遵守であり輸送の安全を持続することである。年度初めのチェックが1年間有効というものは少なく，期の途中で何らかの変更を余儀なくされるものが多くあることから，その変更に対応できていない場合は巡回において指摘が生じ，評価を落とすことに繋がっている。

　「変更の都度訂正ください」と案内するも，業務に追われ優先順位から零れ落ちるケースも少なくない。「知っていれば実施していた」という嘆きの声も多く聞かれた。

　そこで実施機関としては，概要書の派生形とした「毎月，法に触れる機会の提供」を旗印に，「トラドック」として進化を遂げさせたのである。

2）年に1度から月に1度への進化

　トラドックにおいても，遵守する内容は概要書と同じであるが，その内容をさらに詳しく解説した冊子（参考書もバージョンアップ）（図6-2）を作り，項目の遵守状況が一目でチェックできるよう，カレンダー形式（図6-3）に改めた。

　これにより，期の途中に変更・更新となるようなもの（例：運行管理者選任，受講など）にも確実な対応が可能となるだけではなく，36協定のような期限のあるものについて，"いつ，何をすればよいのか"の事前把握が可能となったのである。トラドックの効用等について問うたアンケート結果からは，"うっかりミスが格段に減少するとともに，巡回後の評価も改善されていった"との回答も得られ，胸をなでおろしたものである。

(注) 岐阜県トラック協会が作成

図 6-2 トラドック冊子

トラドック 年 間 チェック 表								
チェック項目	※ ☐ の項目は巡回指導の重点項目		最初の点検：4月 日	5月 日	6月 日	7月 日		
<A：毎月チェックする項目>			※該当しない項目には「−」を					
1. 点呼（乗務前、中間、乗務後） ※1年保存	対面点呼実施状況	○：実施 ×：否						
	運管点：1／3以上の実施状況	○：実施 ×：否						
	中間点呼実施状況（中間点呼が必要となる場合）	○：実施 ×：否						
2. 乗務記録（運転日報） ※1年保存	乗務後点検、整理・保存状況	○：実施 ×：否						
3. 運行指示書 ※1年保存	作成状況（運行指示書が必要となる運行の場合）	○：作成 ×：未作成						
4. 健康状態の把握（健康診断） ※5年保存	対象者の受診状況 （名）							
	内、深夜業務従事対象者（名）の受診状況							
5. 乗務員指導教育（一般） ※3年保存	対象者（名）							
	出席者（名）							
6. 日常点検 ※1年保存	実施・整理・保存状況	○：実施 ×：否						
7. 定期点検 ※1年保存 ※記録簿本通は車両へ備付	点検の実施・記録簿（写）の保管状況	点検対象車両数（両）						
		実施車両数 （両）						
8. 過労運転	改善基準告示の遵守状況	○：遵守 ×：未遵守						
9. 営業類似行為（白トラ）	白トラ利用の有無							
10. 名義貸し、事業の貸渡し	名義貸し等の有無							
11. 過積載運行	過積載運行の有無							

(注) 岐阜県トラック協会が作成

図 6-3 トラドックカレンダー

　概要書との大きな違いは「誰の目にも触れる」ことにある。役員・管理者以外の従業員の多くの目に監視されることで，記載漏れの防止につながり，その先にある法令遵守が社員全員の共通目標に繋がっていったのである。

　運輸安全マネジメントは，経営者のみならず社員が一丸となって取り組むことにその価値があり，成果に結びつく。トラドックは，管理者が抱えていた概要書を社内に解き放ったものでもある。

7　初任運転者指導（平成29年度）

1）6時間以上から15時間（35時間）以上へ

　このように，予習，復習のツールを考案してきた岐阜県であるが，現場では運転手の確保に苦慮する状況が顕著になり始めてきていた。その背景には，運転免許制度の改正も理由と考えられていた。平成19年に中型免許が創設されたことにより，高校を卒業して入社した社員に乗せるトラックが"無い"いう状況に陥った。少子高齢化に加え，いたるところで若者の運転者離れが叫ばれ，物流の危機がささやかれ始めた時期でもあった。

　業界では，これらへの対応のため要望を重ねたところ，平成29年3月には異例といえる早期な期間で免許制度が改正され，準中型免許が創設されたことにより，業界の門をたたく若者の増加が期待された。

　しかし，手放しで喜ぶことはできなかった。その見返りではないが，運転者への安全指導をさらに求められたのである。もっともなことであろう。従来，新規で雇用するドライバーには6時間以上の初任者教育が義務付けられていた。それが，内容をさらに充実させた15時間以上，実際にトラックを使用しての教育も含めるとトータル35時間以上の教育，比較論で言えば6倍近い時間を求められたのである。

2）実施機関のみによる初任者教育指導

　本来，事業者は新たに雇用したドライバーに教育を施さなければならないと規定されている。しかし，誰が行うのかということまでは言及されておらず，よって自動車学校等で規定時間を行うことも認められている。

　今回の措置への対応として，多くの県ト協は，自動車学校や自動車事故対策機構，大型トラックディーラーなどを講師に，事業者向けの初任者教育指導を手がけた。しかし，開催頻度が年間数回という県もあった。

　初任者教育指導は，営業用トラックに乗務する以前に行うもの（最大限譲歩しても乗務後 1 月以内）と定められている。年に数回の実施では，受講のタイミングに不公平感が現れるのは必至である。外部委託をするのである以上，相応の費用も発生することから，この判断は決して間違いとは言わないが，この業界には，貨物自動車運送事業者のことをもっと知り尽くしている集団がいるのではないのか。

　岐阜県が，毎月 1 回 2 日間（当初は 12 時間），適正化指導員のみで実施に踏み切ったのは，この点に尽きる。もちろん，分野によってはその道のプロの教えには叶わないことは否めない。しかし，折しも，全ト協による完璧なまでの教育テキストが作成されたことも，ゴーサインに至った大きな理由でもある。

　施行 2 か月後の飛び石連休の平日 2 日間を〝合宿〟と称し，指導員 7 人全員が各ページを同時に読み込み，内容を確認し，伝えるべきことの統一を図った。お陰で講師たる指導員にも安心感が芽生え，6 年目となる現在，臆することなく自信をもって熱弁をふるっている。

　指導員が講師になることは，現場を教えてもらうことにもつながっており，この経験が巡回指導や事業者との対話に生かされていることは言うまでもない。

8　法令遵守の必要性と限界
1）遵守できる項目とできない項目の混在

　このように，見える化，ルーチン化してきたものの，それでも遵守できない項目が依然として存在する。顕著なのは，改善基準関係及びそれに付随する深夜早朝の点呼である。

　近年，取引環境協議会におけるパイロット事業や，政府による働き方改革，

さらには一部事業者による労働時間違反報道など，運送事業を見直す動きが内外ともに活発化してきている。運輸行政も運送約款の改正などにより強力にバックアップしていただくなど，徐々にではあるが効果が見え始めてきたと思われるが，それでも全ての事業所の現状が改善されたわけではない。

2）強化され続ける規制

　法律は，もともとはシンプルなものであったと考えられる。しかし，想定外のことが起きるたびに更なる網を張り，その繰り返しが今のような複雑なものに化しているのではなかろうか。近年では，飲酒運転の厳罰化が好例であろう。また，スペアタイヤの取り付け状況の確認も同様である。

　もちろん，これらをはじめとする通達の内容は，運送事業者として遵守することは当たり前のことである。しかし，「社会にとっての悪である飲酒運転」対策を，「プロドライバーが営業車両を運転する場合のアルコール検知」に限定してよいのであろうか。飲酒運転が社会悪であれば，ハンドルを握るという行為に対して義務化するものであり，業態に特化するものではないと考える。

　もっとも，義務化する以上それに反した場合の取り締まりも行わねばならない。現状では，すべての運転行為に対する監視は「無理」であり，特に影響の大きい業態に絞った措置も「あり」なのかと考えるが，このままの状況を今後も続けてよいとは思えない。

　平成23年度の通達発出以降，プロドライバーによる違反が絶無になったわけではなく，事あるたびに叱咤を受ける立場にはあるが，それ以上に他の業種に従事する一般ドライバーによる飲酒運転の実態の中には，目に余るものも多く，さらに踏み込んだ施策が求められる。しかし，そこには限界も垣間見られることは前述のとおりである。

9　実証実験としての指導員点呼（平成30年度）

1）点呼は，何故遵守が難しいのか

　貨物自動車運送事業法では，運送事業者は運送に従事する従業員（運転者）

の乗務の前後及び中間において点呼を実施することとなっており，自動車車庫からの出庫及び帰庫の折には対面が義務付けられている。

　しかしながら中小企業においては，その勤務の特殊性（深夜早朝での出庫・帰庫）への対応は困難が生じ，それがためIT点呼や点呼業務の受委託など，緩和策も講じられているものの，その方策を利用できる事業者は限られており，本当に対面点呼を実施しなければならない事業者こそが，法律の壁や事業者自身の意識の差異にて実施できていないのが現実である。

2）対面にする必要性の検証

　対面点呼は，自動車車庫からの出庫及び帰庫の折には義務付けられているものの，中間においては電話等が認められる。これは，物理的に無理ということもあるが，心ある事業者においてはITを駆使しカメラ等にての点呼を実施しているが，このような投資はあくまでも任意である。

　この中間での電話点呼という手法が認められるのであれば，ITが進化した現在においては，自動車車庫からの出庫及び帰庫の場合，たとえ対面ではなくとも点呼での義務項目が担保されるのであれば，それほど遜色はないように感じられる。

　対面点呼は，もちろん必要であり，それに異論を唱えるものではない。しかし，それに固執するあまり点呼自体ができていないケースもあるのではないか。体制さえ整えば，点呼は行えるのではないのか。そうであれば，進化するIT技術を利用することで，その実施をサポートできないか。たどり着いたのが，高額な点呼システムを導入するのではなく，簡易な投資で収まるSkype（スカイプ）であった。

　点呼の必要性は誰しもが感じている。しかし，現実にできていないこととのジレンマも皆が感じていると思われる。Skypeを活用しての点呼を行うことで，まずは，点呼をしなくてはならないという法令遵守意識を徹底させようとする狙いがここにある。適正化事業評議委員会で発せられた「きっかけ作り」という発言が発端であった。

3）当面の実施方法案

しかし，法的に認められない行為を事業者に実施いただくことは，実証実験とはいえ負担を強いることであり本末転倒である。そこで，職員を対象とした実証実験を当分の間行うことを試みることとした。

具体的には，①職員にアルコール検知器，Skype 機器一式を貸与，②各職員は，出勤時に自宅で Skype を稼働させ，実施機関に詰めている職員（疑似運行管理者）が出勤前点呼（点呼項目は運転者のものと同様であるが乗務前ではない）を実施し，③疑似運行管理者は，その結果を点呼簿に記録し保管することとした。

ここで問題が生じる。疑似運行管理者は，岐阜県トラック協会が当番制を敷いており，そのものに担当させるが，担当者及び受ける指導員にとってもその時間から拘束時間が発生するのではないかという疑問である。

これに対しては，①あくまでも強制的な実施ではない（同意を得たもののみが実証実験に参加）すること，②点呼に要する時間（概ね 5 分程度）は勤務に含めるが，そのあとの通勤等に要する時間は通常と変わりないことから特別な対応は行わない，としてみた。

4）実施をしてみると

平成 30 年 3 月 22 日より実証実験を開始した。上記のような課題もあり，さらにはセキュリティーの問題を危惧する職員もいたことから，実際に参加したのは 3 名であった。少数での実施により，疑似運行管理者は当番が務めることができなくなり，役職者 1 名が当たり，自宅にいる職員 2 名に対し Skype による点呼を 4 月末までの間，行った（**図 6-4**）。

参加したのは 3 名であったが，当番で早出している職員に対し，疑似運行管理者として参加させたことから，雰囲気は体感できたと思われる。

職員のほとんどが携わることができたことは喜ばしいことであったが，終了後，参加したもの，参加しなかったものに分けてアンケートを実施したところ，取り組みに対する考え方や評価には大きな差異が感じられた。

（注）岐阜県トラック協会が作成
図 6-4　Skype による点呼

5）実施に踏み切ったもう一つの理由

　今回の職員点呼を始めた理由の一つに，指導員の嘆きの声があった。「何年にもわたり繰り返し指導しているが，事業者が聞いてくれない・・・」

　全国の指導員の誰もが感じていることであろう。しかし，なぜ聞いてくれないのかを考えたことはあるのだろうか？

　他県ではよく聞く話であるが，岐阜県では巡回を拒否される事業者はいない。その意味では実施機関と事業者の関係はうまくいっているように思われる。しかし，本当にそうなのだろうか？

　大半の事業者は好意的である。それは，岐阜県実施機関が，そのように接してきたからだと自負する。しかし中には，行政からの通知によるから仕方なく，の意識が強いからではないのか。

　私たち指導員は，「指導の限界」という言葉を使うことがある。"結果が伴わないのは，事業者に責任があり指導する側は一生懸命やっている"のだと，自分を擁護しているのである。しかし，本当だろうか？

　私たち指導員は，法律は知っているかもしれないが現場を知らない。この意味で，行政と同列に見られているのかもしれない。現場を知らない指導員が，法律用語を並べても相手の心は揺り動かせないのではないか。事業者の痛みを知らず，しかもその痛みに塩ならぬ法律を塗り込むような指導では，

ますます疲弊し，不信に思われても仕方がない。

　事業者と同じ立場に立ってみたらどうだろうか・・・。指導員が自らその痛みを感じ取ることになれば，少しは共感いただけるのではないか。職員による点呼はこのようにしてスタートしたのである。

6）痛みを知ったことになるのか？

　それでも，様々な意見が飛び込んできた。疑似運行管理者は，朝の7時に出勤（6時30分の時もあり）し，職員からの応答を待つが，"事業者にとって対面点呼ができない時間帯は深夜早朝であり，朝7時の実施など，痛みとも感じられない"という意見であった。

　もっともである。絶対的な時間であれば比較せずともわかることである。しかし，各社の運行管理者は，朝早くから夜遅くまで事業所に詰めている。大変頭の下がる思いであるが，それでも，できていない時間帯・対面点呼があり，それを指導員が指摘するのである。

　例えていえば，ある運行管理者は毎朝5時に出勤しているが4時に出庫してゆくドライバーの点呼は対面で出来ていない。4時30分出庫の場合も同様である。

　様々な支障があることは承知のうえで，この管理者がもう1時間早く出庫すればどうなのだろうか。この2人の対面点呼が可能となる。それ以上に早く出庫する人の対面点呼はできないという限界もあるが，ドライバーと接見するということが点呼目的であれば，すべてではなくともいくらかは目的に即することとなる。この1時間が「痛み」である。

　岐阜県トラック協会の就業時刻は8時30分からであり，当番を除き大半の職員の出勤時間は8時以降である。そこを敢えて1時間以上早い7時に出勤するのである。当該者にとっては「痛み」ではないのか。絶対的な時刻は7時ではあるが，通常より1時間以上早い出社という比較論的な時刻であれば，共感が得られるのではなかろうか。

7）職員点呼の実際〜岐ト協としての提言

　まずは，点呼業務が如何に重要であり，かつ大変なものかということを，

指導員が身をもって体感する必要がある。そのためには，マイカーも含めて乗務前に行うという本来のスタイルで実施する。

　なお，点呼はアルコール検知だけではなく，健康状態を確認することに意義があることから，法が規定している項目は勿論実施するが，睡眠時間（睡眠の状況ではない），血圧も併せ測定し報告することで更なる従業員の健康管理も追加で実施した。

　企業の従業員に対する健康管理は，年1回の健康診断に留まるものではないからであるが，今回の結果だけからいうと，睡眠時間と血圧に明確な因果関係は，なんとなく関係性があるようにも見えなくもないが，更なる検証が必要と思われる。

　従業員が出社した営業所での実施であれば，1カ所で，対面で実施できるが，これは本来のスタイルではないのではないか，と考えるものの，自宅にいる段階での点呼は対面では無理である。ゆえに，IT機器を活用しての方策を講じる中で，Skype を用いたが，Skype は導入が安価であり，やり方次第では同時に双方向で，顔を見ながらの会話（対話）が可能なことゆえ，それなりの効果も期待できるのが最大の理由であった。

　事業者の痛みを共有するとともに，点呼というものを意識づけるという効果があるのであれば高額な投資をする必要のないことを世間に問い，併せて対面点呼の絶対性に一石を投じることにも繋げる「まずは，"やってみる"こと」であった。

　勘違いしないでいただきたいのは，岐阜県は，「この結果を認めてほしい」と言っているのでは，決してない。

10　好事例の収集と事例集の発刊（平成28年度）

1）全国実施機関による巡回目標件数の明示

　平成27年度，全国実施機関は各地方実施機関に対して，前述のとおり次年度の巡回指導件数の目標値を示した。岐阜県については，473件であったが，これは平成26年度の巡回件数を基本にはじかれたものであった。

それまで，計画した件数を若干下回る巡回率であった当県にとって，この数値はかなりの負担を強いるものと感じられた。全ト協での会議でも，そのことについて紛糾した記憶がある。

2）優良事業所巡回に特化

「あくまでも目標です」と苦肉の答弁を繰り返す全国実施機関であったが，当県ではこの数字を確実にクリアする方向に舵を取った。しかも，どうせやるなら一番を目指そうということになったのである。

幸い，岐阜県には概要書がある。事前に事業所の概要が分かれば，巡回に費やす時間は大幅に短縮できる。しかし，それでも目標数値は高いものであった。

そこでさらに対象を絞ることを試みた。通常，巡回の間隔の空いている優良的な事業所（総合評価 A，B 事業所）を重点的に廻ることであった。これには，適正化事業評議委員からも異論が出たが，「評価の低い事業所の改善は一時的に立ち止まることになるが，優良事業所は何故優良なのか。そのノウハウを収集することで，次年度以降のフィードバックに繋げることになる。決してトーンダウンすることはない」とする一言で合意をいただいたのである。

3）効率的な巡回と目標達成率１位の獲得

かくして，473 件という目標に対し 670 件を巡回した。全事業所に対しては 49.6％であったが，目標に対しては 141.6％と，堂々の１位を獲得したのである（表6-4）。

但し，前述のとおり，この結果報告はしばらくなされなかったのである。岐阜県としても，この順位には特段のコメントは行っていない。「優良事業所を廻っているのでできて当たり前」などとの指摘も，無きにしもあらずであった。しかし，目標を達成したことで言えることがある。１位になったことで言えることがある。これだけは間違いのない事実である。

4）好事例の収集と事例集の発刊

優良事業所を 670 件巡回したことの産物は，１位になったことではない。これは副産物と言える。当県が本当に欲したのは，そこで行われている日々

表 6-4　平成 28 年度　巡回指導目標

	目標件数	巡回件数	巡回率	達成率
岐阜県	473	670	49.6%	141.6%
鳥取県	218	279	63.4%	128.0%
岩手県	386	486	48.4%	125.9%
高知県	291	329	56.1%	113.1%
栃木県	670	745	44.6%	111.2%
山口県	336	372	36.7%	110.7%
青森県	410	437	42.2%	106.6%
岡山県	720	761	44.5%	105.7%
佐賀県	307	315	46.8%	102.6%
徳島県	208	213	41.0%	102.4%
全国	31,066	28,161	33.4%	90.6%

(注) 全日本トラック協会の資料より岐阜県トラック協会にて作成

の活動内容である。点呼はどのように行われているのか，従業員への指導はどのような項目が効果的なのか，車両点検は，報告書は，事故対応は…など，多くのものが参考になり，それらをまとめた事例集を年度末に発刊，配布させていただいた。

　各社は，それぞれが工夫を凝らした取り組みを行っている。適正化巡回指導で，その最前線を訪問しているにもかかわらず，私たちが見てきたのは，ほんの表面に過ぎなかったのである。これはある意味，ショックでもあった。

　しかし，この経験があったからこそ，後のトラドックの発想に繋がり，初任運転者講習会を自前で行おうとする気概が生まれたのである。現場には力がある。それは，事業者も実施機関も同じである。

11　各支部への出張相談（平成27年度）[4]

1）広大な岐阜県が災い

　岐阜県トラック協会では7つの支部を組織する。岐阜県はその面積が広大なことに加え，本部のある位置が南西の端に近いところにあるため，相談事

があっても時間的制約のもと断念せざるを得ないことが多く，実際にそのような声も多く聞こえてきた。

　そのような場合，電話，FAX に加え，インターネットメールなどを駆使し対応していたが，細かい点になると齟齬が生じることも頻繁にあった。こちらの意図が通じないこともしばしば見受けられた。

2）出張相談からの更なる進化

　そうであれば，"こちらから伺います"，というのが発端であった。各支部の輸送センターをお借りし，1 社 1 時間単位で事前希望を募り指導員が赴いたのである。

　事前に質問事項などをお聞きするも，話の途中からは様々なジャンルに移行し，助成金などの説明に追われることもあったが，どの会も盛会であった。

　事業者の方は，通常の巡回指導では，どちらかというと聞かれることに応じることが多く，緊張されているのだが，この時ばかりは，いつもでは見られない「学ぼうとされている顔」が印象的であった。

　支部での出張相談は，事業者の近くで相談に乗るというコンセプトのもと進めたものであったが，それでも事業者の時間的拘束には違いないことから，平成 27 年度の 1 年のみで一旦終了させた。

　しかし，この手法は，通信教育の必要性をさらに感じさせられ，概要書の内容の充実や，その先のトラドックに受け継がれていったのである。

12　過去のしがらみにとらわれない発想の転換

　これまで，岐阜県適正化実施機関のこの数年の取り組みについて紹介させていただいた。他の都道府県では，もっと素晴らしい取り組みを行い，それが開花しているケースも多いと思われる。

　しかし，それを，そこに留めておくことはいかがなものであろうか。発想から実現に至る過程には，様々なクリアすべきプロセスを要する。人的，時間的，法的，資金的，などなどの理由からそれを躊躇する場合も過去には多くあったのではないか。

　しかし，考えていただきたい。三角形の面積を導くのに，私たちは「三平方の定理」を当たり前に用いる。しかしこの定理は，過去の偉人の成せる業である。何十年も考え抜いた結果導き出された定理を，私たちは日常で使用しているのである。

　他県の良いことを真似ること，取り入れることは，決して「二番煎じ」と恥じるものではないのである。参考となるものは，活用させていただきたいと，私たちは願うのである。

　私たちは，貨物自動車運送事業に属する。そうであれば，私たちの業界のみのことを考えることが今後の使命なのであろうか。

　「一人は万人のために，万人は一人のために」という相互扶助の精神ではないが，誰か一人の功績は，一時的に優位に立ったとしても，すぐにそれよりも優秀なものに追いつかれ，追い越される現実を，私たちは幾度となく経験している。

　良い例が，自社が良しとした複荷への割引きは，その地の会社にとっては大切な発運賃であった。この結果が双方で繰り返すうちに，あるはずのない「帰り運賃」が荷主にも定着し現在の運賃水準を招いているのではなかろうか。

　私たちは，同じ運送会社として荷主企業や事に当る。荷主業界も，自社の利益ということではなく，自社製品を運んでいただいている運送会社のことも考えた料金設定を行う，ということになれば，どこかの誰かに皺寄せが集中することなく，公平な痛みの享受が可能となると思われる。まずは，「私」から変わる必要があるのかもしれない。

　これ以降は，適正化事業以外の交通事故防止，労働環境改善への対応について述べさせていただく。

第3節　交通事故防止関連の取り組み

1　優良ドライバー認定制度

1）制度の主旨

　業界には，平成15年度より実施している安全性評価事業（Gマーク）制度[5]がある。これは，優良な事業所を認定するものであり，この認定の有無が荷主企業への訴求力にも貢献するというものである。

　岐阜県がスポットライトを当てたいのは，その会社を支え，最前線で活躍するドライバーである。①人命を尊重し安全運転を心がける優秀な運転者に対し，無事故・無違反の誇りを持たせ他の模範とするとともに，交通道徳の高揚と安全意識向上を図り，社会的に寄与することを目的とし，併せて，②運転時等に周囲を注視する中で，危険運転等の情報提供に努め，広く業界としての安全啓発の一員として位置するという，2つのことに主眼を置いた。

2）誰が認定するのか（岐阜県警察本部との折衝）

　認定者として，「岐阜県トラック協会」は当然であるが，県警本部長の名前を借りることができれば，広く一般ドライバーへの周知も可能になり，その効果はさらに増大する。県警担当官に趣旨を説明すると，意外にも交渉はスムーズに運び「岐阜県警察」の文言を併記することが可能となった。さらに，警察をイメージする旭日章の使用についても，警察庁との折衝をお願いした結果，了承との回答をいただいた。

　これを受け，会員等にデザインの公募を行ったところ，数ある候補の中から現行のデザインの採用に至った。

　後日談であるが，この旭日章は特に警察固有のデザインではなく，誰が使用しても良いとのことであった。しかし，他の協会で同様の折衝をされた県もあったが，このデザインの使用に待ったがかかったと聞き，世の中の不思議を感じたものである。

表 6-5　優良ドライバー認定者

年　　　度	H26	H27	H28	H29	H30	R1	R2
事業者数	27	41	92	146	147	151	156
新規推薦者数	969	195	466	411	214	121	172
更新者数		837	912	1,231	1,466	1,496	1,458
合　　　計	969	1,032	1,378	1,642	1,680	1,617	1,630
返納者数		132	120	147	176	184	159

(注) 岐阜県トラック協会が作成

3）基準の設定に苦慮

　認定にあたり，その基準つくりに取り掛かったが，より名誉的なものを求めるのであれば厳しい基準にすべき，周囲への訴求効果（事故抑止効果）を狙うのであればより多くに浸透させるべき，という相反する目的の狭間にあり，最終的に①10年以上勤続，②5年以上無事故無違反，とした。折しも，人手不足感が漂い始めた頃であり，この制度に魅力を感じていただき，会社に居続けてもらうためにも，敷居は低くすることに落ち着いた。

　それでも，県警が行う優良運転者表彰と比較して基準が低すぎるとの指摘もあったが，営業用ドライバーの1年は，走行距離に換算すると一般ドライバーの10年ほどにも相当することなどを理由に了解を取り付けたのであった。

4）年々増え続ける認定者

　平成26年度以降，昨年度までの認定者は（**表6-5**）のとおりである。

　認定の有効期間は1年間であるが，この制度は表彰ではなく認定であることから，期の途中でも基準を満たさなくなった場合はGマークと同様に返納していただくことになる。

　毎年の更新手続きには運転記録証明書の添付を義務付けている。事業者によっては，年に複数回取得することもあり，この点についての緩和を求める声もあったが，県警本部との関係もあり了解をいただきつつ進めてきた（現在は，自認書等での若干の緩和を実施）。

5）制度のメリット，デメリット

新しく始めた制度だけに，その検証も行わねばならない。そもそも，基準を満たすドライバーは何人いるのか，が正直見えてこない。都度々々，アンケートを行うも，未回答の事業者が多くある中では，その絶対数の把握が困難というのが実態であるため，何人の認定をもって制度の是非が問えないことが課題である。

ステッカー（Gマークと同サイズ）には，当該ドライバーの名前が刷り込まれている。そのためドライバーによっては〝嫌がらせを受けるのが心配〟などの理由から，貼付をためらう方も少なからず居られる。また，マグネット等ではないため，車両の乗り換えに対応できないという弱点もある。これらはスタート時点で想定内であった。特に，マグネットなどにするということも検討したが，多くを占めるであろうアルミボディには不向きであるとの結論に達し，見送った経緯がある。

そのようなこともあって，認定者にはステッカーとは別に胸章を用意してある。これであれば荷役の邪魔にならない限り身に着けていただくことが可能である。また，嫌がらせ等を受けることはなく，荷主先などでも話題になり，本人はもちろん，その会社のイメージアップにもつながっていると確信している。

6）今後への期待

制度の目的は，本人の誇りであり，周囲への抑止効果であるとは前述のとおりである。今年度で8年を経過する中で，今後，再度検証してゆく必要は感じているが，毎年のように認定者が増えていることは，この制度を期待していただいている証であるとも感じる。

例えば，8年間在職している無事故無違反のドライバーであれば，あと2年間頑張ろうという想いで会社に貢献いただくのではなかろうか。先輩の車両に憧れる後輩がこれから続々と応募されるかもしれない。それこそが，プロドライバーの証であり，無事故運転を持続させる牽引力になるのではなかろうか。

欲を言えば，その制度を岐阜県のみにするのではなく，全国の協会に拡大したいと考える。

第4節 労働環境対策関連の取り組み

1 取引環境・労働時間改善地方協議会

1）協議会の発足

業界では，平成27年度よりトラック輸送における取引環境・労働時間改善地方協議会を開催し，パイロット事業等を通じ，最終年度となる平成30年度には集大成ともいえるガイドラインが策定された。

その後，働き方改革の動き（自動車運転業務については，令和6年4月1日から時間外労働は年960時間を上限とする規制が適用される予定）の中で，令和5年度末まで取り組み期間を延長した。

この協議会では，荷主業界，運送業界を運輸・労働行政が橋渡しを行い，労働条件の改善等に取り組むものであるが，中でも問題とされるのは，荷主先での手待ち時間の改善対策である。

協議会設置後，2年度にわたるパイロット事業では，発・着荷主と運送事業者（下請け含む）間での問題点の洗い出し，改善の提案，結果の検証，などを繰り返し行ってきた。平成30年度はコンサルティング事業と名称を変え，同様の取り組みを推進している。

その結果は，コンサルタント会社により詳細に分析され，報告されているが，一番の問題点は，やはり手待ち時間を如何に短縮，あるいは削減させるかという点にあると思われる。

2）配車予約システムの現状

各県の取り組み事例では，類似するものが多いと感じる。その中にあって特筆すべきものに，効率的に車両を入庫させるものがある。例えて言えば，最近の病院などの予約システムである。初診は致し方ないとしても，再診の場合は予約できるところが多くなってきていると感じる。

トラックであっても，どこのトラックがいつ到着するという情報が荷主企業に伝わっておれば，受け入れ態勢は飛躍的に良くなると思われる。実際，先進的な倉庫会社等は，自社開発のシステムを運送会社にも使用させることで，効率的な運用を行っているところも少なくはない。

しかし，当該運送会社にとっては，その荷主関連であれば時間指定でスムーズな荷役が行えるかもしれないが，その荷主以外の場合は全く機能せず，従前のように待ち時間が発生するのが現実である。1つの運送会社と1つの荷主とのシステムではこれが限界なのであろう。

3）待ち時間0アプリ構想[6]

今，世の中にはラインという便利なアプリがある。これは，不特定多数のユーザーが双方向で情報をやり取りすることができる優れた代物である。グループライン等を組めば，1対1のショートメールではなく，瞬時に複数の相手にこちらの意向を伝えることが可能となる。

このように，多対多の関係が構築できれば，例えば入庫を受け付ける倉庫会社が自社のバースの空き時間を到着予定の複数の運送会社にアプリ等でアップしておけば，各運送会社（ドライバー）はそれを見て予約を確定させるということができるのではないだろうか。

同様に，その倉庫から積み込んだ荷物を，依頼先の場所に配達する際は，到着場所の企業のアプリ等にアップして空き状況を確認，予約確定が可能になると思われる。岐阜県では，これらを総称し「待ち時間0アプリ」と呼んでいる。

当県としても，現在青年部会にて勉強会を開きつつ，その可能性について議論しているが，それは独自に開発するためではなく，世の中の多くのアプリ等から，より良いものを選択するための知識を身につけるためである。

着眼点は誰もが同じであり，今後多くの同様の，更に進化したシステムが生み出されてくるなかで，迷わず「最適のものを選ぶ目と知識を持つ」ことが，自社の今後を左右するといっても過言でない。その準備をしているのである。

4）シェアパーク構想[7]

もうひとつ，勉強しているものがある。

待ち時間０アプリが実用化されたとしても，その指定時間の少し前には到着しなくてはならない。岐阜県のような地方都市ならともかく，都会の真ん中への納品などは，その時の待機場所を探すことに苦慮する。構内あるいは近隣に待機場所を備えてくれる荷主企業がないわけではないが，それは一般的ではないのが現状である。

そうであれば，自らがその場所を作ろうというのが「シェアパーク」である。今，流行の駐車場を共有することから名づけた，これまた岐阜県トラック協会独自のネーミングである。

都会の真ん中といえど，運送会社が皆無ということはない。例えば，配達指定場所の近隣に運送会社があれば，その車庫をシェアしようというのである。

運送会社には，法律ですべての所有車両を駐車するだけの面積が義務付けられているが，空いている時間帯も多くある。そこに，臨時で待機させてもらおうとする構想であり，車庫が義務付けられていることを逆手に取る発想である。

欲を言えば，その事務所施設（仮眠室，風呂等）も借りることが可能となれば，疲労回復に大いに役立つのではないだろうか。いわば，トラックステーションの拡大バージョンである。

2　信頼関係のある青年部会メンバーへの訴求

他人がその場所を使用することには，特に深夜帯などではセキュリティーの問題等，クリアすべき課題も多い。料金等も発生するとなると，転貸条項などにも抵触するかもしれない。行政から，違法性を指摘されないとも限らない。しかし，この発想はこれらの取り決めにおいて想定外であると思われる。そうであれば，「してはいけない」という項目に規定されていないのであれば，「やってみませんか」ということである。

　事業者間同士であれば，同じ痛みを知り尽くすものということでハードルはかなり低くなるのではないか。実際，青年部会で交流を深めている東京の事業者がこの話に乗ってくれているのは心強い。

　なおシェアパークは，地方から都会を目指す事業者のみが有利に利用できるだけのものではない。その逆のパターンもあるであろう。親睦を深めている青年部会メンバーでこの発想を取り入れ，マッチングができれば，信頼というネットワークで瞬く間に拡散して行くのではないかと考える。痛みを共有するメンバーは，その恩恵も共有すべき仲間である。

3　労働時間の減少に向けて（次年度以降の協議会の行方）

　岐阜県トラック協会では，この協議会の話し合いの中で，2年目には「待ち時間0アプリ構想」を，3年目には「シェアパーク構想」を提起し，その可能性を探ってきた。未だ，形としてのものはできていないが，前述のように岐阜県が構築する必要はないと考える。この構想を「是」と思っていただける方の眼に留まり，更に拡散し，システム化，ネットワーク化に取り組んでいただける同士が出てきていただくと，世の中は大きく変わってゆくのではないか。

　このコロンブスの卵は，今まさにトラック業界の全員で取り組むことのきっかけになればよいと考える。

むすびにあたり（事業者のためのトラック協会であるために）

　何事も，言うことは簡単であり，それを成すことは難しいものである。

　岐阜県トラック協会が，ここ数年でこのように発想の転換をし，ある程度の形に仕上がりつつあるのは，適正化事業評議委員会の中での意見が大きく影響している。

　長年，委員を務められた方にとっても，改善が遅々として進まない状況は憂いと映ったのであろう。巡回指導ありきに疑問を呈され，事業者の実態に応じた「濃淡のある指導」を，委員会を開催するたびに指導をいただいたの

である。

　もっとも，これ以前であっても評価に応じて巡回頻度を変えるなど，実施機関として実施してきたつもりであったが，件数をこなせば事業者指導ができていたと勘違いしていた向きもある。

　委員の方との協議の中から，巡回効率という概念も生まれた。移動時間などというロスを如何にして減らしてゆくか，それでいて法令遵守と安全を，どのように維持してゆくことができるのか。岐阜県の実施機関は，常にこの命題の回答を求め続けたのであった。

　もう一つのきっかけがある。岐阜運輸支局との定期的な会議の中での，支局担当官の何気ない一言であった。「どうして，確認する項目を事前に伝えないの？」

　その場での岐阜県実施機関の回答は，「巡回する目的の一つは，事業者の実態を知ることである。事前に項目を伝えれば，その場限りの取り繕いも可能となる。それでは，真の法令遵守にならない」

　後日，この回答が，間違いではなかったが正しくもなかったことに私たちは気づくことになる。適正化巡回指導は，指導員が，実施機関が自分たちの実績のために行うものではない。事業者が今より少しでも良くなるために行うのである。こんな簡単なことが分かっていなかったのである。

　以降，この「事業者のための適正化指導」を念頭に置けば，行うことは自ずと見えてきた。それが，これまで紹介した独自の取り組みに反映されたのだと自負している。

　但し，これらはあくまでも手法の一つに過ぎない。真の目的達成はまだまだ先である。

　私たちが求めるもの（目標）は何なのか。私たちは，今こそ，このことを問いたいのである。

　私たちは，時として「目標を達成するがための手段や手法を目標と勘違いする」ケースが，思いのほか多いことに気づいていないのではないか。

　岐阜県トラック協会は，岐阜県の会員事業者目線でこれからも対応してゆ

きたいと考える。しかし，会員のみが良くなれば業界はうまく廻るというものではない。協会に入りたくとも諸般の事情で断念する事業者の中には，会員事業者以上にしっかりと運営している会社もあることは，適正化事業における会員外事業者の巡回で触れることができている。

　全ト協の坂本会長が言われる「運転手が幸せを感じることができるように」という言葉の中にも，その先を見据えたビジョンが広がっているように思われる。

　全員が幸せになることができますように。一歩，また一歩，前に進みたいと考えるのが，岐阜県トラック協会である。

　最後に，これらの取り組みの結果を検証しなくてはならない。それを，どの切り口で論じるかであるが，私たちは「事業の適正化と安全」であると考える。

　巡回後の総合評価は，現状では各県の物差しが異なることから，明確な検証ができないのが実態であろう。しかし，車両 1 万両当たりの第一当事者の事故（件数及び死者数）の指標は公平であるといってよい。

　業界は，この数値を 1.5 以下にするがため努力を重ねている。令和 2 年度における全国平均は 1.6 であるなか，岐阜県は 1.5 と目標をクリアしたのである。但し，これは単年度を切り取ったからであり，それ以前は 2.0 を超えていた年度もある。「年ごとに波があるのは仕方ない」という意見もあろうが，毎年 0.0 を連ねる県も実際に存在することを考えれば，この数値を維持する術を講じなくてはならない。その手法を真似るべく，数県に取り組みを聞かせていただいたが，その答えは決まって「特別なことはしていない」というものであった。

　この，「特別なこと」とは何であろうか。

　それこそが，「当たり前のことを当たり前に行う」ということではないのか。法令遵守というのは，この一言に尽きるのではないかと考えれば，明日からの進むべき方向性も見えてきたように思われる。

注・引用・参考文献

1）公益社団法人　全日本トラック協会　（2021 年 3 月改訂版）
『貨物自動車運送事業法ハンドブック-平成 30 年 12 月改正対応-』はじめに
2）公益社団法人　全日本トラック協会　（2021 年 3 月改訂版）
『貨物自動車運送事業法ハンドブック-平成 30 年 12 月改正対応-』95 頁
3）2013 年 4 月 1 日より社団法人から一般社団法人に変更した。
4）一般社団法人　岐阜県トラック協会が 2015 年 9〜12 月にて実施した。
岐阜支部 14 社　濃飛支部 5 社　恵那支部 2 社　飛騨支部 7 社
西濃支部 10 社　加茂支部 5 社　東濃支部 7 社
合計 50 事業者の相談を実施した。
5）全日本トラック協会　https://jta.or.jp/member/tekiseika/gmark.html
6）第 6 回岐阜県トラック輸送における取引環境・労働時間改善地方協議会
（2017 年 3 月開催）『先進的事例紹介（手待ち時間解消対策）について』
7）第 8 回岐阜県トラック輸送における取引環境・労働時間改善地方協議会
（2017 年 12 月開催）『駐車スペース（シェアパーク）の活用』

第7章

物流 DX による物流業界の未来

第1節　DX とは（定義）

DX とは「Digital Transformation」を略した言葉で，直訳すると「デジタル変革」となるが，ここでは「進化したデジタル技術を浸透させることにより，人々の生活をより良いものへと変革すること」と定義する。

DX は IT 化と同じようなものと思われがちであるが，厳密には DX と IT 化は異なるものである。IT 化は「自社の業務を IT 技術によって効率化や自動化して課題を解決すること」であり，DX は「IT 技術によって自社の課題を解決し，自社だけでなくユーザーにとっても利益をもたらすこと」である。

つまり，IT 化は単純に既存の業務を IT 技術に置き換えることを指すが，DX における IT 技術は手段に過ぎないと言えるだろう（**図7-1**）。

また，経済産業省の DX 推進ガイドライン[1]の中では，「企業がビジネス環境の激しい変化に対応し，データとデジタル技術を活用して，顧客や社会のニーズを基に，製品やサービス，ビジネスモデルを変革すると共に，業務そのものや，組織，プロセス，企業文化・風土を変革し，競争上の優位性を確立すること」と定義している。

要するに，DX とは事業変革，ビジネスモデル変革であり，企業においてIT 部門主導で実施するものではなく，一つの事業部門が個別に自部門を最適化するために実施するものでもない。企業戦略の柱として，企業全体で取り

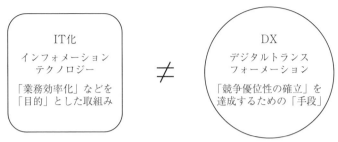

図 7-1　IT 化と DX の違い

組むものと言えるだろう。

　物流業界においても DX の導入は進められており，とりわけ物流分野の DX は「ロジスティクス・デジタルトランスフォーメーション」とも呼ばれ，国土交通省の総合物流施策大綱（2021 年度から 2025 年度）の下で，今後物流が目指すべき方向性の 1 つの観点として「物流 DX や物流標準化の推進によるサプライチェーン全体の徹底した最適化（簡素で滑らかな物流の実現）」が位置付けられている。しかしながら，物流業界の DX は他業種と比較してやや遅れているのが現状である。物流業界では未だアナログな対応が多く，DX の推進による業務の効率化や新たなビジネスモデルの登場は十分に進んでいないと言わざるを得ない。

　物流業界の DX 推進が遅れている背景には，日本特有のいくつかの事情がある。欧米と比較してみると，欧米の荷主はコスト最小化を重視する傾向にあり，物流業者には「どこに依頼しても標準的な対応が出来る」ことを求めている。そのため，DX 推進により標準化され，どの物流業者であっても共通した対応が出来るようになることは，荷主と物流業者双方にとってメリットがあると言える。しかしながら，日本の荷主は，状況に応じた臨機応変の対応を期待する傾向にあるため，物流業者は荷主の要望に対する "対応力の高さ" をアピールし，他社との優位性を出そうとする。荷主への柔軟な対応を行うためには，IT 化による標準化よりもアナログ対応の方が都合の良い面も多く，DX 推進になかなか踏み切れないという企業も少なくない。更に日

本では現場主義の風潮が強いため,「マネジメント主導で，まずやってみる」という身軽な対応が取りにくい企業が多いことも DX 推進が遅れている原因の一つである。まずは将来的にどのような姿を目指しているのかを明確にして，荷主の理解を取り付け，大きく環境を変化させられる状況を作り出すことが物流業界における DX 推進の第一歩と言えるだろう。

第 2 節　物流業界の課題

　物流業界には，以前から労働力の不足や従業員の負担過多などの課題があり，現在のコロナ禍で社会情勢が大きく変化したことにより，より旧来の課題が深刻化している。

　主な課題として，次の 4 点が挙げられる。

1　小口発送の増加に伴う業務の非効率化

　近年，EC サイトの利用が一般化したことにより，少数の商品を届ける小口配送が急激に増加している。国土交通省の調査によれば宅配取扱個数は年々増加を続けており，2017 年に初めて 40 億個を突破してから，2020 年度には 48 億個となっている（**表 7-1**)[2]。

　なお，経済産業省の「電子商取引に関する市場調査」によれば，物販系分野の BtoC-EC 市場規模は，2020 年に前年の 10 兆 515 億円から 2 兆 1,818 億円増加し，12 兆 2,333 億円となっている（**図 7-2**)。

表 7-1　宅配便取扱個数（国土交通省調べ）

(百万個)

	2016 年度	2017 年度		2018 年度		2019 年度		2020 年度		
	取扱個数	取扱個数	対前年比	取扱個数	対前年比	取扱個数	対前年比	取扱個数	対前年比	構成比
宅配便合計	4,019	4,251	105.8	4,307	101.3	4,323	100.4	4,836	111.9	100.0
トラック	3,978	4,212	105.9	4,261	101.2	4,291	100.7	4,785	111.5	98.9
航空等利用運送	41	40	97.2	46	116.9	33	70.8	52	156.8	1.1

(出典：国土交通省「令和 2 年度宅配便等取扱実績関係資料」)

出典　経済産業省「電子商取引に関する市場調査」

図 7-2　物販系分野の BtoC-EC 市場規模の経年推移

　今後もこの流れは続いていくとみられることから，小口配送も継続的に増加することが予想される。本来，需要の拡大は喜ぶべきことであるが，物流業界では労働力不足に拍車をかける課題となっている。

　併せて，配送量が増え続ける一方で小口配送が増加するということは配送 1 件当たりの単価が下がることを意味しており，単価が低い荷物を大量に運ばなければならず，生産性は否応なしに低下している。また小口配送が増加していることに加えて，不在時の再配達も配達員の負担を増大させる要因となっている。一度の配達で受け取れなかった荷物を再配達することにより，同じ配達先に何度も訪問しなければならず，業務効率が大幅に低下することとなる。この問題は物流業界の努力だけでは解消しきれない面も大きいことから，配送を利用する消費者の一人ひとりが意識しなければならない問題の一つでもある。

2　労働力不足の深刻化

　日本の人口は，2008 年の 1 億 2,808 万人をピークに減少に転じており，国立社会保障・人口問題研究所によると，2060 年には 8,674 万人まで減少すると推計されている。この人口減少をより細かく見ると，15〜64 歳の生産年齢

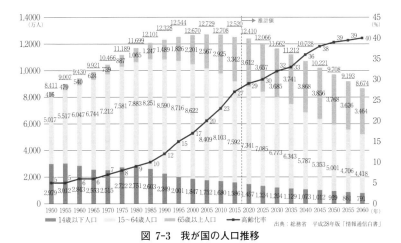

図 7-3　我が国の人口推移

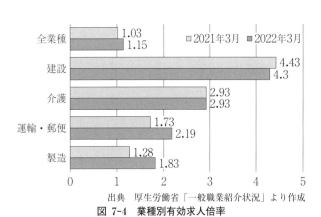

出典　厚生労働省「一般職業紹介状況」より作成

図 7-4　業種別有効求人倍率

人口は，2010 年から 2060 年までに 3,756 万人減ると考えられる[3]。少子高齢化による老年人口割合の増加によって働き手は減少していくことが予想されており，2010 年時点では 15〜64 歳の生産年齢人口が全人口の 80％を超えていたが，2030 年には 68％に低下し，2045 年ころには 50％を割り込むことが予想される（図7-3）。

　2022 年 3 月の運輸・郵便業の有効求人倍率は 2.19 倍と非常に高い水準となっており，業界の労働力不足を浮き彫りにする結果となっている。全業種が 1.15 倍であり，物流業界がその約 2 倍であることを考えるといかに労働力不足が深刻な状況かが窺える結果となっている（図 7-4）。物流業界に携わる人が増加しない原因の一つとして，後述の通り業界の労働条件がなかなか改善に向かわないことが挙げられる。

3　低賃金，長時間労働によるドライバーへの負担増

　トラックドライバーの年間労働時間は全産業平均を 2 割ほど上回っており，一方賃金は全産業平均より約 1〜2 割低いことが分かっている。低賃金長時間労働が常態化していることから，国をあげて是正に取り組んでいるものの，思うような成果が上がっていないのが現状である。現場が忙しくなると新規スタッフを採用するための時間が取れないことも多く，即戦力を求めるあまり採用できても十分な教育を施せずに現場に出ることになるケースも多くなる。結果的に生産性の低下を招き，せっかく人手が増えても期待どおりの成果が表れにくいという負のスパイラルに陥っている。労働者不足に加え，就業者の高齢化も顕著である。道路貨物運輸業の若年層（10 代・20 代）の割合は全産業平均より低い一方，40 代以上の割合は全産業平均よりも高くなっており，労働力の確保や業務の省力化などの課題への対応が物流業界では急務となっている。

　前述の EC 事業の拡大による需要の増加，及び労働力不足により，ドライバー 1 人当たりの負担はますます深刻になっており，矢野経済研究所が 2021 年 5 月に発表した「物流 17 業種総市場を対象にした市場規模推移」によれば，物流業界の 2021 年度の市場規模は 20 兆 7,185 億円と予測されており，2022 年度はさらに 4% 伸長して 21 兆 5,760 億円が見込まれている（図 7-5）。

　さらに競合他社との差別化を図るべくサービス内容が複雑化し，ドライバーは単に商品を届けるだけでなく様々なユーザーニーズ（付帯作業）に対応しなければならなくなっている。この様な点もドライバーの負担増の大きな

要因の一つとなっている。旧・日本路線トラック連盟と国土交通省が特積み事業者を対象に行なった荷主の庭先調査では，長時間の手待ちや付帯作業により，物流事業者が負担を強いられている実態の一端が明らかになっている。付帯作業の内容は，配達先では「検品」が66.2%，「仕分け」が66.1%，「納品場所の整理」23.5%，「棚入れ」21.0%，「荷役機械利用」が20.9%「ラベル貼り」が11.0%であった。本来ならば，納品は軒先卸しを原則とし，それ以上の作業は全て付加サービスであり，別途料金が発生すべき内容である。しかしながら，付帯作業で料金が収受できている割合は，最も多い「配達先のラベル貼り」でも3.6%であり，付帯作業の多くが料金収受出来ないままに行なわれていることが分かっている[4]。この点もドライバーの低賃金，負担増に大きく影響していると言えるだろう。業界全体の労働力が増えないのであればIT化によるDX推進を急ぐ必要があるが，前項でも述べた通り，日本の物流業界のDX化は欧米と比較し，遅れているのが現状であり，直ちに改善することが困難な状況であると言える。

　このような状況を打破するためにも，速やかに物流業界全体のDXに対する意識を高めて，今後避けられない更なる労働力不足に対応していく事は必要不可欠である。

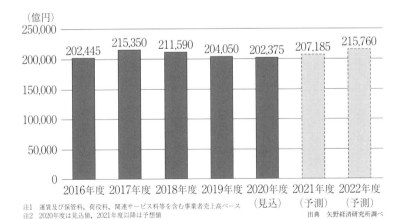

（億円）

	2016年度	2017年度	2018年度	2019年度	2020年度	2021年度（見込）	2022年度（予測）（予測）
	202,445	215,350	211,590	204,050	202,375	207,185	215,760

注1　運賃及び保管料，荷役料，関連サービス料等を含む事業者売上高ベース
注2　2020年度は見込値，2021年度以降は予想値

出典　矢野経済研究所調べ

図 7-5　物流市場規模推移

4 新型コロナウィルス感染症の拡大

　2019年12月に中国の武漢市で始まった新型コロナウィルス感染症の拡大
は，2020年の日本の交通産業に甚大な影響をもたらした。工場での生産減な
どを反映して素材や部品の需要が減少するとともに，海外からの輸入も減少
した結果，企業間の物流は低調となった。特に，2020年7～9月は国内貨物
（トラック・鉄道貨物・内航海運）および国際貨物（輸出・輸入）のいずれも前年同
月比マイナスを記録した。7月，8月に至っては鉄道貨物および国際貨物は
10%以上のマイナスとなった。こうした状況を受けて，複数の貨物自動車運
送事業者から事業廃止・休止の届出が出されている。金融機関による融資や
持続化給付金，雇用調整助成金の活用も多く，苦境にあえぐ物流業者の実態
があらためて浮き彫りとなった。一方，外出自粛に伴う通販需要（巣ごもり需
要）の拡大もあり，宅配便取扱量は増加している。そのため物流事業者は，
感染予防に配慮しながら宅配便増加への対応することも迫られており，その
状況がしばらくは続くだろう。

第3節　物流業界の DX 化の取り組み内容

　国土交通省では，労働力不足の深刻化，新型コロナウィルス感染症の拡大
に伴う社会・経済環境の変化に対応すべく，物流の機械化・デジタル化を推
進している。また，既存オペレーションの改善や働き方改革の実現により，
経験やスキルの有無だけには頼らない，ムリ・ムラ・ムダがなく円滑に流れ
る「簡素で滑らかな物流」の実現を必要としている。

　日本特有の"荷主に応じたオーダーメイドのサービス"を求められるため，
標準化対応をするよりもアナログ対応のほうが都合の良い面が多く，DX に
対して消極的な企業が多く存在することは，第1節で述べてきた通りである。
その一方で，労働力不足や取扱物量の増加やウィズコロナの現状において業
務の改善をしていく必要がある。

　DX 化が進めば，機械化・デジタル化を通じて業務の省力化・効率化が可

能となり，さらに新たな労働力の確保にも有効である。ここでは，そうした課題に対応するべく，物流業界が重点的に進めている主な 4 つの事例を紹介していく。

　第一に，物流倉庫への在庫管理システムの導入である。システム化による在庫管理業務の効率化は，倉庫業務の負担を軽減する上で有効な手段である。人の手で在庫管理を行うと適正在庫の維持は難しく，時間と手間がかかるだけでなくヒューマンエラーの発生率が高まりやすくなる。例えば Excel シートで在庫を管理している場合，処理済みの在庫を反映するのを忘れるリスク，入力を一桁誤って登録してしまい過剰在庫や欠品を招くリスクが考えられる。在庫管理システムであれば，ピッキングと同時に自動的に在庫を引き落とすような処理ができるので，入力間違いによる在庫の管理ミスを防止できる。適正在庫を維持して過剰在庫や欠品を防ぐことで，入出庫や配送をスムーズに進めてリードタイムの縮小にもつなげることができる。配送量が増加して作業員一人ひとりの負担が重くなっている現状では，在庫管理の適正化による倉庫業務の効率化は必要不可欠である。また，ピッキングの導線を自動的に指示する機能も搭載されているため，どの順番で商品をピッキングすれば良いのか迷うこともなくなり梱包・出荷に移るまでの時間短縮が可能となる。

　第二に，AI を用いた顧客情報の管理と分析である。近年では，AI を用いた顧客情報の分析も積極的に行われ始めている。小口配送が激増してドライバー一人ひとりが多くの納品先を回らなければならない中で，不在による再配達は物流業界にとって大きな課題となっている。顧客の注文情報や配送状況などのデータを蓄積して分析することにより，自宅にいる可能性が高いとみられる時間帯を AI で割り出して不在再配達を起こりにくくする事も物流 DX の一つと言えるだろう。中には各家庭の電力使用値を表すスマートメーターを活用し，将来の不在予測をして再配達のリスクを軽減させる実験も行われている。「スマートメーター」とは，従来のアナログ式のメーターと異なり電力使用量をデジタルで計測しデータを遠隔地に送ることが出来る仕組み

である。2018 年 9 月から 10 月にかけて東京大学内で実施された JDSC の配送試験によれば，電力使用データを参考にして AI が割り出した配送システムが不在による再配達を 9 割減少させたという結果もある。この技術は実際に複数の事業者が関与して共同研究が進められており，電力値を計測するスマートメーターは 2024 年までに全国的に設置を完了する予定となっており，実用化に向けて着々と準備が進んでいる[5)]。

　第三に，倉庫業務の効率的なシステム構築である。倉庫業務のシステムはひとつの IT 技術で構成されるわけではなく，さまざまな技術によって構成されており，例えば在庫管理システムや入出荷を効率化するためのハンディーターミナルなどの管理を中心とする仕組みもそのひとつである。また，コンベアの制御なども倉庫業務を効率化するための重要な仕組みのひとつである。一部の業務に対してシステムを導入するだけでも一定の効率化を図ることは可能であるが，複数のシステムを組み合わせて取り入れることによってより効率的に倉庫業務を運営できるようになる。また，自社の DX 導入を推進すると同時に他社とのデータ連携やシステム連携も実現できるとさらに業務をスムーズに進められる。例えば EC モールに出店している事業者は複数のモールの受注データを同時に扱わなければならないケースが多いが，すべてのモールに自分でデータを取りに行くと作業が煩雑になり，作業時間も膨大になってしまう。そこで API 連携を利用して自動的に受注データを受信できる環境を整えることにより，出荷指示データの作成まで自動化するなど選択肢が広がる。

　第四にデジタル技術を利用した従業員の勤務状況の管理である。従来の従業員の勤怠管理はアナログで行われることが多く，シフトの作成には多大な労力が必要であった。個々の従業員のスキルなども加味しながら最適な人員配置を行うことは，管理者にとって非常に負担が大きい業務であるといえるだろう。AI を活用することにより，人の手を介さずに最適な人員配置を考慮したシフトを自動的に作成できる環境を整えることが可能になる。一人ひとりのスケジュールを照らし合わせて配置する作業から解放されるため，管理

者は他の重要な業務にリソースを割り振れるようになり，作業効率が向上する。また，倉庫業務に限らず配送ドライバーの勤務シフト管理に AI が活用されるケースもある。ドライバーの配送負担がなかなか軽減されずにいることは大きな問題となっているが，同時に運行管理担当者も大きな負担を強いられている。AI を取り入れて負担を軽減することで，業界全体の問題を少しずつ解消に向かわせる効果が期待でき，シフト作成を最適化できることから人員配置の精度が向上し，人件費を削減できる可能性も出てくる。

第 4 節　SEINO の DX 化の取り組み

　セイノーホールディングス株式会社 (以下，「セイノー」という) では DX の取り組みの 1 つとして，荷主との EDI の導入を進めている。EDI(Electronic Data Interchange) とは，「電子データ交換」と訳され，ここでは貨物の送り主と物流事業者の間で電子的に取引情報を交換することを指している。

　EDI 導入の一般的なメリットは以下のようなものがある。[6]

- ●業務の効率化
- ●人的ミスの削減
- ●コストの削減
- ●サプライヤーとの連携強化

　物流における荷主側と物流事業者側それぞれの EDI 導入のメリットをまとめると次のようなものがある。

　≪荷主側≫

- ●原票作成の手間やコストの削減，原票印刷によるドライバーの誤読・誤配の防止
- ●物流事業者への出荷情報を電子データでの受け渡しによる，誤配送，荷受トラブル (積み残し，出荷遅延，運賃違算) の抑制・防止
- ●物流事業者システムと自社後方システムの連携により，入力作業の削減や業務の自動化などの営業支援が可能 (効率化)

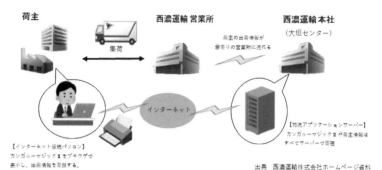

図 7-6　カンガルー・マジックⅡ概要

- 配送遅延情報，荷物事故情報をタイムリーに把握することにより，販売先への事前連絡や代替品手配などの早期対応が可能

≪物流事業者側≫
- 集荷時における原票登録作業の大幅短縮
- 荷主とのデータ連携により，サービスレベルの向上，及び囲い込み効果による他社流出の防止
- 輸送情報の提供により，荷主からの問合せの削減，及びデータ管理による問合せ対応業務の軽減

　送り状がデータ化（EDI化）されている事により，荷主・物流事業者双方の業務効率が向上し，併せて着荷主へも「いつ」「どこから」「どれだけ」貨物が届くかを事前に通知することが可能になり，次工程のための情報貢献が可能になる。

　セイノーでは，荷主とのデータ連携として，インターネット環境を使用した出荷支援システム「カンガルー・マジックⅡ（以下，KMⅡという）」を提供し，その導入促進に取り組んできた。

　KMⅡは，出荷登録から荷札・送り状発行，出荷された貨物の配送状況照会，請求情報照会が可能であり，荷主の業務効率化に貢献することを目的とした無料で利用できるシステムである。

　セイノーでは，荷主の困り事（Pain）を解決し，新たな価値提供（Gain）す

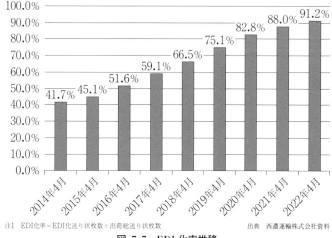

注1　EDI化率＝EDI化送り状枚数÷出荷総送り状枚数　　　　　出典　西濃運輸株式会社資料

図 7-7　EDI 化率推移

　る取り組みを継続的に行い，お客様（荷主）の繁栄に貢献することを目指し，多くの荷主に KMⅡを利用してもらうために，現場の営業担当者やドライバーを通じて，KMⅡを利用する荷主の声（要望・意見）を集め，KMⅡの改善を繰り返し，利便性の向上を図っている。

　これまでの改善には，

- ●セキュリティーの観点から自社システムに印刷プログラムを入れられない（荷主社内規定より）⇒送り状の PDF 化により，印刷プログラムを入れなくても送り状印刷を可能にする

- ●複数の輸送業者のシステムを切替えるのが面倒⇒API 連携により荷主独自のシステムからでも簡単に KMⅡへの連携を可能にする

　西濃運輸株式会社の EDI 化率[注1]は，2022 年 4 月現在 90％弱であり，「KMⅡ」の導入や出荷量やデータ処理量の多い荷主に最適な「輸送情報交換システム」の導入推進により 2014 年 4 月からの 8 年間で 2 倍以上伸長している。2015 年度以降年間 6％〜8％EDI 化率が伸長しているが，徐々に鈍化し 2021 年度 1 年間では 3.2％の伸長にとどまった（**図7-7**）。

　荷主の中には，輸送業者とデータ連携を行うメリットを感じられない荷主がいるためである。

　その原因は出荷量に応じて大きく分けて 2 つのパターンがある。

　1 つは，比較的出荷頻度が高く，出荷量の多い（月間取引高 100 万円／月以上の）荷主の中には，既に荷主独自のシステムで運用しており，現行のシステムに満足しているため，慣れ親しんだ作業動線を変更したくない，費用を掛けてまでシステム改修するメリットを感じられないというパターン。もう一つは，出荷の頻度，件数が低い（月間取引高 30 万円／月以下の）荷主は，手書きでの送り状作成に手間を感じておらず，パソコンを立ち上げるよりも「手書きの方が早い（楽だ）」という認識を持っており，KM Ⅱなどのシステムを導入するメリットを感じられないパターンである。

　セイノーでは全ての送り状を EDI 化する，つまり EDI 化率 100 ％にするために，非 EDI 荷主を取引高別の 3 つの層に分け，各層に適した EDI 化戦略を立てて展開していく。各層の取組みとしては，以下がある。

①月間取引高 100 万円／月の荷主は，独自システムで運用していることが多く，現状に不便を感じていないため EDI の導入に至らないので，戦略としては，API により荷主システムと KM Ⅱを連携し，荷主はそれまでの作業動線を変えることなく，トレース情報や請求情報といった＋αの価値を受けられることを訴求し，EDI 化を促進する。

②月間取引高 30 万円〜100 万円未満／月の荷主は，月間出荷枚数が 300 枚以上になるので，KM Ⅱによる利便性が最も享受でき，実際に KM Ⅱの利用が最も多い荷主層である。よって戦略としては，KM Ⅱ導入による利便性，例えば配達規制や離島チェック機能，運賃情報やリードタイムが自動で確認できるなどを案内し荷主の声を聞き更なる改善を重ね導入メリットを訴求していく。

③月間取引高 30 万円未満／月の少額荷主については，手書きでの送り状作成に手間を感じておらず，むしろパソコンを立ち上げる方が面倒だと感じている層なので，戦略としては，人口の 8 割以上が所有している[7]スマート

フォンで送り状作成をできるようにし，EDIの導入促進を図る。EDI化率100％にするため，上記の①〜③の戦略でもEDI化が望めない荷主については，目線を変えて荷主にEDIの導入をしてもらうのでは無く，セイノー側で非EDI原票を撮影してデータ化する事も検討を進めている。しかしながら，送り状の撮影に関してドライバー，もしくは事務所担当者が行うにしても手間は掛かるため，EDI化によるDXを進めるために従業員の手間が増えては本末転倒なので，その方法や対象枚数についても工夫が必要となる。いずれにしても，DX及びEDI化のあるべき姿は，ITを活用して効率化を図ることにより，荷主と輸送事業者双方の作業負担を軽減・削減する事であり，荷主へ情報貢献することでお客様の繁栄に貢献することである。

第5節　今後の物流DX

物流業界では，「2024年問題」まであと2年を切ったことで徐々に焦りの色が見え始めている。「2024年問題」とは，働き方改革関連法によって2024年4月1日以降，自動車運転業務の年間時間外労働時間の上限が960時間に制限されることによって発生する問題の総称である。これまで物流事業者には，特例として時間外労働時間の上限が設けられておらず猶予期間が与えられていたが，その猶予が2024年4月からは認められなくなるのである。

物流は典型的な労働集約型産業なため，ドライバーの労働時間が減少すれば，それは物流事業者の売上減少に直結する。時間外手当や，燃料代は減少するが，トラックの減価償却費など減らないコストもあるため，売上の減少は結果として利益を圧迫することになる。そのため物流DXは，ドライバーの長時間労働の是正や人手不足の解消の手段として期待されている。

パーソル総合研究所が発表した「労働市場の未来推計2030」[8]では，物流業界では2030年までに運輸・郵便における労働力が約21万人不足するといわれている。加えて，働き方改革推進の流れを受けて長時間労働の抑制が求め

られることが考えられる。これらのことから事業全体の効率化を進める必要が出てきているといえるだろう。

　物流業界の生産性を向上させるためには，待機時間の短縮や輸配送の効率化，拠点の再整備などに注力する必要がある。

　現状，ドライバーが貨物を積み込んで目的地に到着しても，荷下ろしのための場所をすぐに確保できないことが理由で待機時間が発生し，長時間労働につながる事例が日常的に発生している。このような待機時間をできるだけ短縮することで，長時間労働の抑制が可能になる。

　ドライバーの担い手が減少している問題に対しては，共同輸送の活用などによる輸送の効率化が効果的である。企業が生き残る上で，競合する他社との競争を避けて通ることはできない。一方で人手不足の常態化が懸念される中，他社との連携や共同化で事業の継続性を高めようとする「協調」への取り組みが注目されている[9]。

　これまでは自社だけで独自の物流網を用意していた企業が，2 社以上連携して共同輸送することで，貨物の積載率を向上させて運用効率を大きく向上させることができる。また，共同輸送は CO_2 排出量削減にも繋がっており，SDGs 達成のカギを握っている。CO_2 排出量抑制の取り組みは，共同配送のほか，モーダルシフトや輸配送拠点の集約，車両の大型化，貨客混載，クリーンエネルギー車などがある。

　かつては「売り手良し，買い手良し，世間良し」の「3 方良し」という近江商人の商売における気概や心意気を表した言葉から来る考え方があった。しかし，SDGs が広く認知され浸透するにつれ，長時間労働や環境問題を抱えて，3 方良しでも「作り手」や「環境」に悪しでは通用しなくなっている。更に次世代の労働環境・生活環境を考慮した「未来に良し」を加えて，SEINOでは，「6 方良し」の実現を目指して，SDGs をはじめとした社会課題の解決に貢献する取り組みを進めている（図7-8）。

　今後，DX 化，シェアリング・エコノミーにより，環境への取り組みは高度化していくだろう。脱炭素社会に向けて，物流業界の果たす役割はますま

図 7-8　「6方良し」

す重要になってくる。AI，IoT，ビッグデータなどのデジタル技術の活用を含めたグリーン物流の取り組みを推進し，効率化・生産性向上と環境配慮の両立が求められている。

引用文献・参考文献

1）経済産業省「デジタルトランスフォーメーションを推進するためのガイドライン（DX 推進ガイドライン）」
2）国土交通省「令和 2 年度宅配便等取扱実績関係資料」
3）鳥居保徳，早川典雄，原謙介「協調時代のサプライチェーン」（三省堂書店／創英社）pp.10-11，2022
4）忍田和良，土井義夫「地域物流市場の新課題」（成文堂）pp.151-152，2017

5）株式会社日本データサイエンス研究所，佐川急便株式会社，東京大学大学院越塚
　登研究室・田中謙司研究室「AI 活用による不在配送問題の解消」プレスリリース
　（2019 年 10 月 31 日）
6）忍田和良，土井義夫「地域物流市場の新課題」（成文堂）pp.166-167，2017
7）総務省　令和 2 年度情報通信白書「情報通信機器の保有状況」
8）パーソナル総合研究所・中央大学「労働市場の未来設計 2030」
9）鳥居保徳，早川典雄，原謙介「協調時代のサプライチェーン」（三省堂書店／創英
　社）p.67，2022

第8章

貨物自動車運送業界における近未来の在り方について──岐阜県トラック協会の歩みを止めないために──

第1節　鈴木賞後の岐阜県トラック協会と新型コロナウイルス

1　岐阜県トラック協会が鈴木賞を受賞

　令和元年10月，岐阜県トラック協会（以下，岐ト協という）は全日本トラック協会（以下，全ト協という）が主催する全国事業者大会の会場にて「鈴木賞」を受賞した。この賞については，過去には全ト協や他県のトラック協会も受賞しており協会としての受賞は珍しいものではないが，適正化事業を題材にしたものでの受賞は初めてであった。

　鈴木賞選考主旨には「トラック輸送において優れた業績を上げた個人，事業者又は事業所，団体の顕彰を行い，もって日本のトラック輸送の振興，発展に寄与するもの」という記述があり，このことが認められたのであるが，我々岐ト協はその後もその歩みを止めることなく，会員事業所の適正化に向けた取り組みを更に強化してきた。

　適正化事業の中心的事業といえば「巡回指導」である。事業所に赴き，多くの帳票類を確認し，改善を求めるものがあれば指導要請を行ったうえで改善報告を求めるものである。しかしながら世にいう「三密」は回避できず，全国実施機関（全ト協内に組織されている）より緊急事態宣言等発令時における巡回の自粛を求められたのである。

　新型コロナウイルス感染症の感染拡大が顕著となった令和 2 年当初では，コロナウイルスというものの存在が見えてこず，当時としては妥当な判断であったと思われる。しかし，これまで巡回指導と法令遵守はリンクすると繰り返し，都道府県ごとの巡回件数目標を提示してきた全国実施機関としては，この短絡過ぎる指示は何だったのかと考えざるを得ない。全ト協の委員会の席上でも「致し方ない」と，多くの都道府県は指をくわえていたことが報告されたが，一部の委員からはその一言で済ますことへの否定的意見が発言された。

　岐阜県実施機関にはトラドック[1]があったことから無策の状態を作らないことに奏功した。鈴木賞の受賞はこのトラドックがあったからこその受賞に違いないが，アイテムが優れていたからということのみでいただけたのではない。岐ト協としてのそれに至る取り組み姿勢が評価されたと自負しており，コロナ禍にあっての取り組みが指をくわえることではないことを私たちは知っていたのである。

　かくして，コロナ禍における適正化事業の在るべき姿を模索し，事業所の法令遵守意欲を止めないため，動き出したのである。本章では，この取り組みのその後について紹介するとともに，更なる検証を行うものである。

2　鈴木賞とは

　岐阜県実施機関(岐ト協内に組織されている)が鈴木賞を受賞したと述べたが，この賞について詳しく説明したい。そもそも鈴木賞とは，「トラック輸送において優れた業績を上げた個人，事業者又は事業所，団体の顕彰を行い，もって日本のトラック輸送の振興，発展に寄与するもの」と規定されているもので，平成 6 年，元東京都トラック協会会長で全ト協会長代行でもあった鈴木元徳氏の意思に基づいて基金を設けたことに始まる。

　受賞対象者（条件）は，「その業績が，①業界においてはじめてのもの（開発等に直接携わったもの），②長年継続維持され，他の模範となり業界の発展に寄与したもの，③業界や社会に顕著な成果・業績をあげたもの」であり，過去

には複数の事業者による類似輸送を共同化したもの，緊急時における協定，事務処理システムの構築，エコドライブ等の環境配慮，など 25 の取り組みが受賞している。受賞者は，個々の運送事業者や協同組合，トラック協会（青年部会含む）などであり，岐ト協が受賞することは決して珍しいことではないが，過去の受賞類型のいずれにも当てはまらない適正化事業への取り組みで受賞したことは，適正化事業の内容に更なる可能性を見出せたのではないかと考える。

3　鈴木賞受賞のカギは「トラドック」

　この鈴木賞受賞の最大の貢献は，岐阜県実施機関が独自に開発した「トラドック」にあると考える。

　巡回指導は，第 6 章でも述べているが，事業者がどれほどの法令遵守を行っているかを審査してもらう「試験」の場である。適正化指導員[2]は各事業所に赴き，帳票確認や直接の聞き取り等で事業所を評価してゆく。この制度は既に 30 年以上続いていることから，多い事業所では 10 回以上の巡回指導を受けているというところも少なくはない。

　一方，最近になって貨物自動車運送事業の許可を取得した事業所も同等の巡回指導を受けるのだが，経験の浅い事業所では，法律に対する知識や遵守レベルにどうしても差異が生じ，指摘が多い結果となってしまう。そこで考案したのが，試験に対する「参考書であるトラドック」であった。試験の前には誰しもが予習を行い，結果について復習するものである。ネットによる検索が充実しているとはいえ，一から検索し対応する事業所はほぼ皆無であり，何らかの手助けアイテムが必要という結論に至り，模索した結果がトラドックとして結実したのである。

4　新型コロナウイルスのまん延とトラドック

　令和元年 12 月，中国に端を発した新型コロナウイルスは瞬く間に世界中を駆け回り，日本もその例外ではなかった。事業所に赴き聞き取り等を行う適

正化巡回指導にとっては，まるで手足をもがれた状況にあり，全国実施機関からの巡回自粛の通達を受け，さらには「不要不急な行動を慎む」という政府広報も後押しし，どの実施機関も自粛に舵を取った。令和 2 年前期の巡回件数結果を前年と比較したのが下表である。

表 8-1　巡回指導の前年比較

新型コロナウイルス感染防止に伴う巡回指導の「柔軟な対応」の状況

	巡回指導件数											
	平成 31 年/令和元年						令和 2 年					
	2 月	3 月	4 月	5 月	6 月	7 月	2	3 月	4 月	5 月	6 月	7 月
全国計	2283	2127	2325	2140	2445	1830	2284	516	244	72	1645	1631
	3〜5 月平均　2197						3〜5 月平均　277					

出所）全ト協　適正化事業実施機関　資料

　全国的な自粛下では予定していた巡回計画が振り出しに戻り，その大半は中止したことから，特に緊急事態宣言発令中であった 3 月から 5 月にかけては，前年比 12.6％という結果に留まった。適正化事業に従事してきた小生にとっても初めての事であり，全国実施機関はじめ 400 人を超える全ての指導員が当惑したのであった。

　しかしである。岐阜県実施機関はこのような中でも巡回件数を伸ばしたのである。正確に言うと，「電話による巡回指導」である。時は，岐阜県にも緊急事態宣言発出の折であったが幸いにも 4 月当初にトラドックを郵送していたことから各事業所には届いており，それを活用しての「電話巡回」を試みたのである。トラドックは，前回の巡回指導総合評価[3]が B〜E の事業所及び希望する A の事業所に配布しているが，この年は 703 事業所に配布していた。岐阜県実施機関は，この事業所すべてに電話をかけ，電話での聞き取りにて巡回指導に準ずる聞き取りと指導を行ったのである。

　この当時の運送事業者も世間のご他聞に漏れず，荷主の操業停止などを理由に物量の落ち込みは激しい状況であったことから実施機関では「コロナ禍における輸送の現状や要望」などを併せ聞き取りを行った。この聞き取りな

どからわかったことだが，有難いことに物流業界は，飲食，観光，旅客業ほどの落ち込みはなく，事業所からもそれほどの厳しいお叱りの声は届かなかった。マスクや消毒液の不足という回答は想定内であったが，「休憩所が閉鎖されている，シャワーが使えない」，という運送行為以外の実態と要望をお聞きした。これら生の声は岐ト協のその後の運営にも資することができ，非接触型体温計の配布や遠隔会議システムの導入などの施策の実施に通じたのである。一方で岐ト協は，協会費の一部免除に踏み切った。会費を免除するのであればマスクや消毒液を配布してはという案もあったが，当時はそれら肝心のモノが確保できる見込みがなかったことや，事業者によって欲しているものが異なる，などの理由から，「免除された会費を有効活用し自社にとって本当に必要なものの購入に充てていただきたい」と，事業者の意に沿った施策を促したのである。これも，会員事業者と直接電話で会話をしたことによる成果であると考える。

　私たちにとっては未知なるコロナ禍ではあったが，安易に「出来ないからやらない」のではなく，「形を変えてできる方法を探る」ことが今回の体験から得られた。それを導いたのはトラドックという通信教育手段を体感したからだと考える。

第2節　コロナ禍における適正化事業

1　密を回避したいがための点呼方法の見直し

　ところで，事業者と電話で会話する中でよく聞かれた質問は，「コロナ禍でも対面点呼[4]を行わなくてはならないのか」ということであった。ドライバーは原則，トラックに乗務する前後に対面による点呼を受けなければならないのは前述のとおりである。このことは事業法に定められていることであり，適正化巡回指導でも厳しくチェックしていることである。但し，法はあくまでも平時のものであり，今回のような三密を回避する非常時における遵守は想定したものでないことは誰もが理解している。当のドライバーはもとよ

り，多くのドライバーの点呼をする運行管理者にとって，未知なるウイルスの存在は脅威でしかなかったと思われる。

　このような声を案じ岐ト協では，「法を守る事は大切だが命を守る事はもっと大切」ということを念頭に置いた施策を検討していった。他の県でも同様であり，愛知県トラック協会は中部運輸局に対し「非常時における点呼の在り方」を相談し，岐ト協も対応をさらに練り上げ，運輸行政に対する要望書をまとめた。

2　コロナ禍における有るべき点呼についての提言

　要望書に至る経緯について若干捕捉したい。令和2年1月末，岐ト協理事会を開催した折の事である。当時はまだ，コロナウイルスの脅威が伝わらないことから通常通りの理事会が開催された。来賓として中部運輸局より数名も同席していただいたが，この意見交換の場において，新型コロナウイルスの状況を憂う理事から点呼についての見直しについて質問が出された。結果は，原則対面でお願いするという前述と同様な回答であったが，理事は「法律制定時とは格段に進歩しているITの活用はいかがか」とさらに踏み込んだところ，担当官より「このような場での意見を上部に進達するよう言われている」と回答をいただいた。

　この後，新型コロナウイルスによる影響が出始め，事業者の通常業務や適正化事業において多くの支障を感じるようになった。とりわけ対面を求める点呼は，この状況下での是非も論じられたことから岐ト協では，先の中部運輸局との意見交換を踏まえ，非常時における対応を要望書ではなく提言書として纏めた。要約すると「一般社会におけるコロナ対策が進む中，運送業界においてもITを用いた新たな対応策を講じてはいかがであろうか」というものであった。

3　方向性の正しさを再確認

　国は，平成30年5月，「自動車運送事業の働き方改革の実現に向けた政府

行動計画」において，「情報通信技術（ICT）を活用した運行管理の効率化などにより，運転以外の義務も効率化してゆく。」と明記し，国土交通省は，令和元年度，2 年度に開催された「自動車運送事業に係る交通事故対策検討会」において，運行管理の高度化のための制度設計の方向性及び実証調査の実施を決定した。

　令和 2 年 10 月，国土交通省は AI 搭載型点呼機器[5]の普及を図るため，機器の認定制度を創設する方向に舵を切った。令和 3 年度中に実証実験を行うというものであり，現在着々と検証が進められている。きっかけは，ポストコロナ時代での感染症予防対策の一環としての非対面による点呼の促進が急務との意見を受けてとのことであるが，併せて，人手不足への対応や働き方改革の観点から行政としてもよい施策と思われたのであろう。いずれにしても業界にとっての追い風であった。しかし，安心はできない。背景にコロナ禍での非対面，人手不足対応という名目であれば，「解消された後は元に戻るのではないか」ということも同時に考えなくてはいけない。

　誰もが諦めて言葉として発していなかったことが，あることをきっかけに急展開することはよくある。過去に，市井の活動が法律を大きく変えた事例[6]があるが，その活動には多くの時間と労力が投じられてきた。今回は，コロナウイルスという共通の敵を前にしての措置ということで，お互いに大儀があったということが奏功したと思われる。

4　新たな視点で見えてくるものとは

　さて，実証実験の結果を待たねば評することはできないが，帰庫時の点呼について非接触による点呼を令和 4 年 4 月以降に認めるというスケジュール案が公表（現状は延期されている）されている以上，その方向に進むのではないかと考えられる。ひとつの巨大な壁を登りきれば，次なるものは難なくクリアできるように，出庫時についても同様の波が押し寄せるのではなかろうか。しかし，そのためにもこの帰庫時点呼を確実に実施する必要がある。

　余談ではあるが，事業用トラックの新車以降初めての車検については，4

トンまでの普通車は2年に延長されたものの，それ以上の大型車は相変わらず1年のままである。その理由が，「大型車両の定期点検実施状況が芳しくなく事故等の危険性が拭い去れない」という旨の説明であった。以降，まったくの見直しがされていないが，この理由が正当性のあるものであれば業界として反証するべきであるにもかかわらずその動きも見られなかったのは業界に身を置くものとしての猛反省であり，今回のAI機器利用による点呼業務について同じ轍を踏んではいけない。しっかりとした検証を行うことが行政に対する御礼でもある。

第3節　運行管理業務こそITの活用を

1　遅れている管理部門でのIT化

　運送会社にとって，モノを運ぶという行為は物流や流通の一部分であること，その前後にもすべきことが数多くあるということを先に述べた。流通過程でのIT化，DX[7]化も先述のように進みつつあるのだが，この前後の過程でのIT化は遅れているといわざるを得ない。その原因のひとつが事業法にあるといえる。

　先にも述べたように，運送会社は多くの法や通達で規制されている。命の危険が迫るような今回のコロナ禍であっても厳格な遵守を求められた。法や通達がある以上，そのこと自体は当然のことであり異論を挟むものではないが，状況に応じた運用を考慮することは可能であると考える。実際に，タイミングが遅れたとはいえ実施に向け動き出した非対面点呼は，やろうと思えば運用で変更することが可能ということを明示したのである。

　運送業というのは，結果として荷物を最終受け取り手に届けるということだけが仕事ではない。公道を利用させていただき，常に交通安全や労災事故の防止を掲げ，送り手の心という荷物を受け手に届けるという使命がある。それゆえに，その過程における運行状況なども厳しくチェックされるべきである。運送業界ではこれらを含めて「運輸安全マネジメント[8]（以下，安マネと

いう）」と称する中で，どのような状況においても安全を貫く体制が厳しく求められる。時間どおりにモノが届くということは業界では最低限の当たり前のサービスであって，荷物が発送された状態と少しも違わぬ状態で届けることが私たちプロとしての証なのである。

　繰り返すが，このようなことから規制を厳しくすることに異論は無い。しかし，その内容については常に状況を把握し見直すべきもの，取り入れるべきものなどを考慮することは，特にこのような非常時においては大切なことであるのではなかろうか。

2　トラックによる運行の現状とこれからの運行管理の在り方

　このような中での岐ト協としての提言であったが，全国7万社の事業者が感じている思いはこれにとどまらない。ありがたいことに，岐阜県の事業者は県内及び中部地区内での荷物の発着が多くを占める。しかも，東海道の要所ということもあり，早くから交通網は充足し交通インフラには及第点を与えても良いくらいであると認識している。ところが，ところ変われば，ではないが，ある意味，恵まれている中部地区での悩みと九州や東北・北海道地区での悩みが同じということは，無い。荷物の届け先の大半は大都市界隈であり「行きはよいよい，帰りは怖い」ではないが，何日も帰り荷物が見つからない状況（労働時間が超過）や，市場価格を大幅に下回る運賃（輸送原価に影響）にて請け負うなど，会社にとっては悪いことも積み重なる。適正運賃が確保できないことから，本来は労働時間を短縮する意味での高速道路利用も制限されることによる過労による交通事故惹起ということも，表に出ていないだけであって決してありえないことではない。

3　運行管理者の業務

　このことは，ドライバーとトラックを管理する運行管理業務に直結する。その中心にあるのが運行管理者および整備管理者である。特に運行管理者は，会社の経営者に対しても運行管理面では意見を申すことのできる権限が

事業法に明記されており，それなりの権限を付与されている。このようなことから，運行管理者になるには国家資格が必要となるのであるが，反対に違反等が露呈したときには，社長ではなく運行管理者が書類送検されることもありうる重要な役職なのである。

　この運行管理者の設置基準であるが，事業用トラック 29 台に 1 名以上と規定されている。これは，平成 2 年の事業法制定時に明記されたのであるが，それ以前には数字的基準が存在しなかった。このことはつまり，裏を返せば運行管理者という地位が確立されていなかったということである。言ってみれば一般の会社でいう係長クラスであって上層部からの指示を伝える程度の役職であり，そのことが経営と現場における安全に対する乖離を生んだことから，両者をつなぐ役職として確固たる地位を与えたと推測できなくもない。よって当初は，社長に次ぐ役員クラスを運行管理者に選任するべきともいわれていたが，現実には現場に近い係長や課長クラスがその職に就いていたように思い起こされ，経営トップに物申すことはままならなかったのではないかと推測できる。ところで，平成初期においては，29 台のトラックに 1 人以上の運行管理者，という基準は適切であったのかもしれない。しかし岐ト協が平成 16 年に会員宛に行ったアンケート調査[9]では，「16 両から 20 両に 1 人以上」という声が多く（図 8-1），徐々にではあるが運行管理業務が増えていると感じるようになったと記憶している。今，同様のアンケートを行うといかがなものであろうか。更に少ない台数を希望する声が多いのではないかと思われる。

　さて，運行管理者の業務が多くなる背景には何があるのであろうか。直接的なものとしては「通達の改正」であるが，その前提として「飲酒を含む交通事故の増加」，「労働時間の超過と過労」，などに加え，事業法制定時では想定できなかった事象への対応が挙げられる。運行管理者は，これら積み重なる新手の通達にも対応すべく，本来であれば従業員とのコミュニケーションの時間をつくりたくとも，目先の業務を優先せざるを得ない現実が横たわっている。このことは，ドライバーは勿論，管理者本人に加え企業にとっても

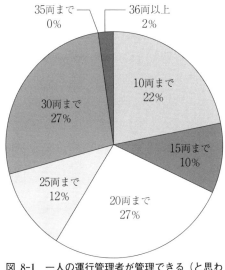

図 8-1　一人の運行管理者が管理できる（と思わ
れる）台数
出所）岐阜県トラック協会にて作成

マイナスと考えられる。誰をも幸せにしないばかりか不幸にするといっても
言い過ぎではないと思われるが，このようなことを解決する術が，平成 2 年
当時では考えにも及ばなかった IT 技術の進化であろう。これこそが想定外
の技術であり，これらを活用しての新たな通達や運用方針の変更が成される
べきであると考える。非対面による点呼はその始まりに過ぎず，第 2，第 3
の改正を成そうとする心意気に期待するのである。

4　運行管理者の負担の軽減とベネフィットポイント

　アナログ業務という肩の荷を少し降ろすだけで，管理者の負担は相当に軽
減される。では，その空いた時間をどのように使うのがよいのであろうか。
運行管理者に話を聞く中で一番の困りごとは「ドライバーとの会話不足」と
いう。この時間が取れておらず，必然「結果でしか注意ができない」のであ
る。事故防止という業界や会社の方針に全く沿っていないのである。労災も

含め事故が起きた場合，管理者は「なぜ起こしたのか（起こったのか）」と詰問する。そのドライバーの体調や家庭での事情，知識や習熟度は考慮せずに，である。誰もが，事故は起こしたくて起こすのではない。ついうっかりというような漫然的な行為が事故の一番の原因とされる中，日頃からの話し合いの中でこれらを補ってあげるのが管理者の勤めであり，このことは決して運送業者に限ったことではない。今まではこの時間的余裕が日常業務に押し流されていたのである。

　何かを弁解するとき私たちは「時間がありません」という。しかし本来は「時間のつくり方がわからない」のではないのか。ITやDXにより業務が効率化できれば「時間は付いてくる」はずである。これをどのように有効に活用するかは，今後は個々の管理者に委ねられていく。

　デジタル化は単なるペーパーレス化やリモート化と称される一方，DX化は「業態の転換」と称され，業務プロセスの転換である（第7章参照）。転換の結果として業績アップを目指すこととなるが，安全を追求することも業績と生産性のアップにつながると考えられる。運送業界にとって目指すは，利益の追求は然りであるが，交通事故0，作業事故0であろう。それを可能にするにはまず管理部門が余力を持つこと，そこから有効な手段を見つけ出すことを論じてきた。それでは，運送業界における交通事故，労災事故の実態を少し見てみたい。

5　交通事故の現状

　誰もが気にかけて目にするデータは，「都道府県警察が発表する死亡事故件数」ではなかろうか。テレビや新聞などでもトップに近い記事として報じられているので自ずと耳目に接するものと思われる。私たちも，この数値に一喜一憂させられるのだが，運送業界は更に進めて別の数値を指標としていることは第6章でも述べられており繰り返しになるが，改めて述べてみたい。

　警察が発表する数値は，「当該都道府県内での事故」である。岐阜県を例にとると，「岐阜県内で発生した事故」のことである。いわれてみれば当然のこ

とで，各警察署は所轄管内での治安を守ることが主眼であるため，犯罪を含め事故を減らすことが至上命令であり，このような指標が重んじられるのである。一方，トラック運送においてのそれは少し趣きが異なる。各運送会社は，「自社のトラックの事故を防ぐ」ために日夜努力を重ねている。ご存知のようにトラックは，県内でその仕事が終結することはいわば少ないといってよいほどである。岐阜県の運送事業者においては県内での終結が半数ほどあるといっても，残りの半数は県外を走行している。もうお分かりであろうが，運送会社にとっての指標は，都道府県単位の事故数ではなく「全国での自社トラックの事故」を減らすことに焦点が当てられ，このことから全ト協は平成 17 年から「車籍別の事故件数」を公表するようになった（表8-3）。なお，県警公表のものには自家用車での事故も含まれている。このことを考慮しても，業界で参考にするのは少し不自然であった。

　運送会社にとって，事故はマイナス要因の最たるものである。生命の危険を伴うことは勿論だが，荷物の延着，破損など，被害の影響は多岐に及ぶ。先にも述べたが，運送という行為は届けて完結するが，運送事業者にとっては「完璧に」届けることがテーマとなる。預かった状態で届けるのがプロである。この「車籍別の事故件数」であるが，文字とおり「トラックの在籍県単位ごとの件数」である。岐阜県ナンバーのトラックが県内で起こした事故は勿論だが，北海道や九州で起こした事故についてもカウントされる。

　これから読み取れることは何か。各県の交通事故防止への取り組みであり，個々の事業者のたゆまぬ努力の結晶がここに現れる。このことから全ト協は，単純な件数を羅列するのではなく「車両 1 万両あたりの件数」を公表し，ある意味，公平に競わせている。岐阜県は，平成 27 年ころからこの値が好転し全国平均を下回る結果を残してきたが，令和に入り若干悪化したことで全国並みの数値にとどまっている。

　数値である以上，上下することは致し方ないが，問題はその要因である。すべての事業者にとって「事故は起こしたくないもの」であるが，残念なことに後を絶たないのも事故である。どのようにすればこれを 0 にすることが

表 8-2　車両1万両当たりの第1当事者事故

中部運輸局管内の死亡事故件数の推移（軽トラックを除く）

		H17	H18	H19	H20	H21	H22	H23	H24	H25	H26	H27	H28	H29	H30	R1	R2	1万両当
死亡事故	岐阜	18	12	8	5	5	5	6	4	4	4	5	4	2	2	3	3	1.5
	愛知	40	23	31	26	15	15	29	10	28	16	15	12	11	22	13	9	1.0
	静岡	18	17	19	15	10	13	13	17	13	11	10	7	7	9	7	7	1.6
	三重	18	8	8	12	3	7	5	3	9	4	7	4	4	3	3	3	1.3
	福井	4	4	3	3	2	4	3	3	3	1	1	0	2	2	0	0	0.0
	全国	624	528	510	407	366	377	344	372	394	330	312	258	270	253	239	207	1.6

出所）全日本トラック協会資料より岐阜県トラック協会にて作成

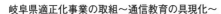

岐阜県適正化事業の取組～通信教育の具現化～

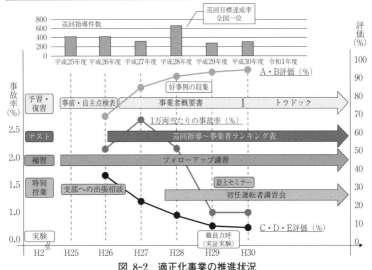

図 8-2　適正化事業の推進状況

出所）岐阜県トラック協会にて作成

できるのか。複数年にわたり0を維持している県の担当者に聞いても「特段のことはしていない」との回答であった。それは反面，「交通事故防止は特段のことは必要としていない」とも読み取れ，「事故防止に特効薬はない」といわれ続けてきた所以でもあると改めて考えさせられる。

　私たちは，日常生活の中で「ルールとマナー」を重んじ日々の生活を送っている。自動車を操るということは，道路交通法というルールに縛られているのだが，実は「相手を思いやるマナー」の部分が相当に多いと感じる。私たちが生きてゆくうえでの最低限の取り決めがルールであって，実際には多くのマナーがそれを補完している。例えるならば，車線変更である。道路交通法第26条の2第1項にて「車両はみだりにその進路を変更してはならない」と規定されている。しかし，同2項では「…同一の進路を後方から進行してくる車両等が急ブレーキや急ハンドルで避けなければならなくなるような進路変更をしてはならない」とあるが後続との距離や速度については触れられていない。「これだけ車間が空いていれば相手に迷惑はかからないであろう」という，自分だけの物差しで車線を移すのである。ドライバーの個人的技量に左右されるものを法で規定することは似つかわしくないことから自ずと自己判断にゆだねられるのであろうが，判断ミスは大事故に繋がるのである。このことを前提に考えれば，「ルールを完全に理解し，相手を思いやり技量を高めることができたドライバーは事故を起こさない」ということはエビデンスに欠けるが，先の「特段のことをしていない」に相通じるものがあるのではなかろうか。日頃からの交通安全に対する会社や個々のドライバーの思いの集大成こそが，よく言われる，「平静往生」に繋がっているのではなかろうか。

6　作業事故の現状

　運送業は，厚生労働省の事故等の分類によると「陸上貨物運送事業」に属し，その統計が業種別に公表されており，この事故には，交通事故以外の作業事故も含まれる(表8-3)。モノを集荷し配送先で取り卸すことがドライバーの主な業務である以上，避けては通れないものであるが，興味深いデータがある。厚生労働省が公表しているものであるが，トラックによる労働災害事故は「荷主の庭先で70%発生し，しかもそのうちの70%は，着荷主の庭先である」という事実である。いわれてみれば当然のことである。

表 8-3　令和 3 年における労働災害発生状況（速報）業種別死亡災害発生状況

令和 3 年 9 月 7 日現在

	令和 3 年 1 月〜8 月 速報値		令和 2 年 1 月〜8 月 速報値		前年比較		令和元年比較	
	死傷者数 （人）	構成比 （％）	死傷者数 （人）	構成比 （％）	増減数 （人）	増減率 （％）	増減数 （人）	増減率 （％）
全産業	84,713	100.0	68,870	100.0	15,843	23.0	15,684	22.7
製造業	16,067	19.0	14,347	20.8	1,720	12.0	883	5.8
鉱業	132	0.2	112	0.2	20	17.9	16	13.8
建設業	9,032	10.7	8,311	12.1	721	8.7	568	6.7
交通運輸事業	1,619	1.9	1,564	2.3	55	3.5	− 168	− 9.4
陸上貨物運送事業	9,612	11.3	8,989	13.1	623	6.9	811	9.2
港湾運送業	214	0.3	198	0.3	16	8.1	− 31	− 12.7
林業	723	0.9	766	1.1	− 43	− 5.6	− 50	− 6.5
農業，畜産・水産業	1,738	2.1	1,679	2.4	59	3.5	220	14.5
第三次産業	45,576	53.8	32,904	47.8	12,672	38.5	13,435	41.8

（注）労働者死傷病報告より作成したもの。

　人間誰しも，我が家であればたとえ停電になったとしても普段通りに歩けるものだが，他人の家では勝手が違う。荷役作業も同様で，床面のどこに亀裂が入っているのか，パレット等が積み上げられどこが死角になっているのか，看板が天井からぶら下がっていないか，など，慣れていないと全くわからないのである。特にリフトを操っての荷役となれば，荷物のみならず自らも横転の危険性があり，他人との接触，衝突などの危険度も大きく増すと思われる。よく言われる「勝手知ったる他人の家」ということは，リフト作業や労災防止の現場では当てはまらないのである。しかし，問題はこの点ではない。この結果は運送会社だけに公表されているものではなく，全国に無数にある荷主企業にも届いているはずである。この結果を見て，自社の作業環境を検証し，さらには見直された会社もあるとお聞きするが，失礼ながらごく一部ではないだろうか。ドライバーは，荷物を積み込み配送先に届けるということが業務の大半，と先述した。ダンプカーやミキサー車両などは，先方に作業員がいることが多く「運転席を離れることなしに積込みが完了」す

るに等しいのだが，巷に多く走行しているウイングやバン型車両の類は，自らが荷主会社のフォークリフト等を使って「自らが荷役をする」ことも珍しくない。

7　荷主と陸運事業者との連携・協力促進協議会の発足

　このようなことから厚生労働省は，運送事業者と荷主企業，経済団体を交えた協議会を令和元年度に発足させた。事務局として中心になるのは厚生労働省と陸上貨物運送事業労働災害防止協会（以下，陸災防という）である。この陸災防は労災事故の撲滅を目的としトラック協会と連携をとるために発足した団体であり，各県レベルにおいては職員が兼務するケースも多く，関係団体の一つとして同一歩調をとっている。この協議会では，荷主の庭先での事故を防ぐことを第一に，「荷役作業のガイドライン」を定め，運送事業者と荷主双方に周知を図っており，過去の事故事例から考えられる安全策・防護策を詳細に解説し普及を促している。

　協議会メンバーの企業は，どちらかというと地元での大手あるいは準大手企業であるため，このあたりの取り組みは進んでいると思われるが，更に多くの企業にもこの趣旨を伝え，作業事故を減らすため，協議会の一環として荷主企業の担当者を集めての研修会も各地で行っている。なお，この協議会とメンバーをほぼ同じくする「取引環境・労働時間改善協議会」が岐阜運輸支局と岐阜労働局及び岐ト協により組織されている。前者が労働災害防止に重点を置くものであることに対し，後者は労働時間の短縮に向けての取り組みを協議するものである。両協議会とも国土交通省・厚生労働省のバックアップがあって発足したものであり，荷主業界とパートナーシップを取りたいと願う運送業界としては願ってもない協議会である。ちなみに，運送事業に対する労働時間の短縮は令和 6 年 4 月を契機に大幅に削減されることが既に決定している。運送業界にとっては難題に違いないが，荷主業界と運送業界が行政という橋渡しをつうじ発足した協議会において，パイロット事業と称し数年をかけ取り組みを検証してきた実績がある。これらを好事例として

活用することで，業界の働き方改革も進むものと考える。

8　安全の証である「G マーク認定」

　業界における安全の指標である「G マーク認定制度」はこれまでも述べてきたが，制定から 15 年以上経過した今，新規申請事業者が減少傾向にある（図 8-3）。

　折からのコロナ禍も要因の一つと思われるが，原因はそれだけではないようである。G マークは，一度取得すればよいというものではなく，将来にわたり継続するものである。更新頻度（認定期間）にはインセンティブが設けられているものの，法令遵守の手を緩めると即座に認定が取り消されてしまう。この認定制度は，運送会社を利用する個人または事業者に対し選定における透明性を提供するものであることから，荷主企業より認定申請を促進されることも度々あるなど，取消された事業者への対応は説明するまでもない。事業者にとって，G マーク認定の維持・継続が至上命令とされる所以である。

　ところが，である。この新規申請が最近は鈍化傾向なのである。認定を受けるには，①法令遵守，②事故や違反の状況，③安全への独自の取り組み，を評価し，総合点数で認定される。適正化実施機関では，通常巡回の折に法令遵守状況と事故と違反の状況を確認し，基準点数に達した事業所には「G

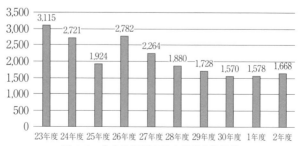

図 8-3　安全性評価事業の新規申請件数
出所）全日本トラック協会資料

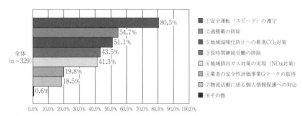

図 8-4　物流活動での社会的課題で物流業者に対応を求めたい事
項[10]

「マーク申請」を勧め，これら事業所が新規申請に至っていた。ところが，基準点数を上回るこのような事業所が「申請を行わない」傾向にある。先の，荷主企業から取得促進を求められるケースは依然としてあるものの「認定の有無をもって運送会社を選別する」ことは少ないとの結果が得られている[10]。加えて，自社における独自の取り組みを挙証する資料作成に難色を示すケースが側聞される。

　中堅企業以上であれば，この辺りの作業は担当者がこなす領域なのであろうが，規模の小さな事業者であればすべてを兼務する状況が見て取れ，「それだけの余裕がない」と諦められる声を多く聞くのである。

9　ISO との関連

　Gマーク認定の背中を押すものが「荷主企業から求められているから」ということであれば，余裕のない運送会社といえど取得に動かざるを得ない。しかし，Gマークを理解している荷主企業が少ないと思われる現状では，更なる伸長は望めないのであろうか。事業者がこの制度を活用する本当の理由はどこにあるのか。決して他人（荷主）から良く思われようとすることだけではないはずである。

　Gマーク取得にあたっては，まずは社内体制の見直しが必須である。制度制定当時は，ISO シリーズとの違いをよく聞かれたものだが，社内の体制整備という面では類似するものであった。この当時の ISO は 9000 及び 14000

シリーズであったが，その後 39000 シリーズ，いわゆる交通安全をターゲットにした ISO が構築され，G マークの内容に合致した。事業者によっては，この 39000 シリーズを取得するケースもあったが，G マーク認定事業者にとっては少しのステップアップで認証に結びついたのではなかろうか。交通安全の基本は同じということの表れであると改めて感じたものである。

10　事故防止は精神論では進まない

　さて，ISO39000 も G マークも，目指すものは「安全」である。社内体制を整え，必要な教育も施し，必要な帳票類を確実に保管する。このような一連の取り組みは，安全に寄与することは「理論の上」では理解できる。だからこそ，皆が同じ目的の下，全社を挙げて取り組んでいるのである。しかし，事故というものはある日突然に起こるものである。社員が一体となって取り組んでいる，そのような日常の中で起きてしまうものである。勿論，事故には原因があり積み上げてきた防止体制に間違いはないのであるが，一部の例外[11]を除けば事故という結果で事業者は評価されてしまう。漠然とした精神論やイメージではなく，数値的なものを裏付けとした確証としての安全があれば，自分たちの取り組みが正当に，確実に評価される。そのようなものはないのであろうか。

11　優良事業者における事故の現状

　国土交通省は，G マーク認定の有無と事故との関連を公表している（図8-5）。G マーク認定者と未認定者における事故惹起の度合いを調べた結果であるが，これを見ると明らかに「認定事業者の事故は少ない」と結論付けができる。しかしこの事故というのは，事故報告規則に基づき事業者が報告した事故全ての集計であり，自らが起こした（第1当事者）事故と貰い事故（第2当事者）の両方を含んでいるが，些細な物損事故は含んでいないのである。

　岐ト協では，関係団体（中部交通共済協同組合）の協力を得て「G マーク認定事業者の適正化巡回指導の結果と事故の状況」を調査したところ，「巡回評価

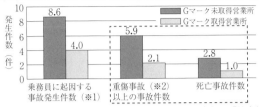

2019 年（1〜12 月）中における車両 1 万台あたりの事故発生件数
G マーク営業所の死亡・重傷事故の割合は，未取得営業所と比較して，半数以下。

（※ 1）乗務員に起因する事故とは，事故原因が「運転操作不良」と「健康状態」に該当
　　　する事故をいう。
（※ 2）重傷事故とは，重傷者（自動車損害賠償保障法施行令　第 5 条第 2 号又は第 3 号）
　　　を生じた事故をいう。
資料：自動車事故報告規則に基づく 2019 年（1 月〜12 月）の事故報告書のデータを引用。
自動車：G マーク制度（貨物自動車運送事業安全性評価事業）国土交通省（mlit.
go.jp）https://www.mlit.go.jp/jidosha/jidosha_tk4_000013.html

図 8-5　安全性評価事業認定事業者と事故との相関関係

の高い事業者程事故惹起率が概ね低い」という結果を得た。しかし，これは
サンプル事業者が少なく，また上記同様に，第 1・第 2 当事者を含むことか
ら更なる検証を待たねばならないと理解している。
　事故は，当方が 100％交通法規を守っていても遭遇することがある。俗に
いう「もらい事故」であるが，追突事故を除けば過失割合は双方に割り振ら
れる[12]。プロドライバーには，もらい事故といえど「防衛運転にて防ぐもの」
という厳しい教えがある。正直，高いハードルと思われるが，これがプロド
ライバーの使命でもある。自らの車両に優良事業所のステッカーを貼付する
ことで，真のプロドライバーとしての行動が律されてゆくことを期待する。
因みに，令和 3 年度からは「働きやすい職場認証制度」がスタートした。G
マークが荷主業界へのアピールとすれば，職場認証制度は「運送業界を目指
すものへの指標」といえる。運送事業者は，ミシュラン張りの星の数で評価
されるのだが，これらの制度の相乗効果にて完全な業界がアピールできれ
ば，将来にわたる少子化時代にも適応できる業界が構築できるものと思われ
る。

第4節　物流を取り巻くDX

1　総合物流施策大綱や政府の規制改革推進会議議長・座長会合でも言及

　つい先般までは，AIやIT，IoTなどといわれていたものが，いつの間にかDXという言葉が席巻してきた。過去のものを総称したものではないが，それらを結び付けているということでは解釈に大差はないと思われる。DXとは，従来のITシステムを見直し新しいデジタル技術を導入しデータを活用することによってこれまでの在り方を革新する，と言われるもので2004年にスウェーデンのウメオ大学　エリック・ストルターマン教授が主張し2018年に経済産業省がDXレポート及びDXガイドラインを示したことから広く知られるようになったとされる[13]。このDXという波は，すべての業界に到達し，運送業界も例外ではなかった。というより，物流業界はともかく，デジタル化に遅れている運送業界にとってこそ必要な概念であると考える。

　国土交通省は5年に一度，物流の今後の方向性を提言する羅針盤的アイテムとして「総合物流施策大綱[14]」を編纂する。令和3年6月に発表された最新バージョンには，今後取り組むべき施策として，物流DXや物流標準化の推進によるサプライチェーン全体の徹底した最適化，物流デジタル化の強力な推進，労働力不足や非接触・非対面型の物流に資する自動化・機械化の取組の推進，物流標準化の取組の加速，物流・商流データ基盤の構築等を列挙している。また，政府の規制改革推進会議　議長・座長会合は，2021年6月1日規制改革推進に関する答申を菅総理大臣に提出したが，その中にも「物流業界が人手不足に直面する中，2028年には約28万人のトラック運転者が不足すると予測されている中，トラック運転者の感染対策や運行管理など，デジタル技術を活用した非対面・非接触型の対応」の具体的な方策を取ることが求められる旨，要旨に記述が成されている。

　これらの施策すべてが早々にかなうものとは限らないが，その方向に向かうことの必要性をひしひしと感じる。また，経済団体連合会においても「エッ

センシャルワーカー」である物流の担い手における高齢化・人手不足の中に
おいても物流を持続可能で柔軟なものとするためにはデジタル化だけでな
く，大胆な構造・規制改革も必要と提言[15]している。具体的には，「受発注
データ，車両走行データ等も活用したトラック運送の働き方改革・取引適正
化の実効性向上」であるが，そのための人材育成の推進も改めて併せ提言[16]
している。この中では，新たな技術・サービスの実証実験・社会実装を進め
るにあたっては人材不足が課題であり，産学官が連携し必要な人材育成を行
うことを求め，とりわけ，「IoT，AI，ビッグデータ分析等のデジタル技術と
物流の双方を上手くコーディネートして，新たなビジネス・サービスをマネ
ジメントできる人材が求められており，経営・経済のみならず法律，AI，
IoT，ビッグデータ分析なども含め分野横断的な育成教育が重要である」と
論じている。参考までに経団連は 2019 年の規制改革要望において「人手不足
下でも着実かつ効率的な点呼ができ，貨物自動車運送事業の安全性と生産性
が期待できる」との趣旨からロボットによる点呼を既に盛り込んでいる。

2　運送業界における DX の活用例

　一言でトラック運送事業といっても，その業態にはいくつモノカテゴリー
がある。通常は，荷物を積み込み相手先まで運び，卸すまでのことと考えら
れるが，それはどちらかというと物流，あるいは流通の一部に取り込まれる
概念である。私達が考えるトラック運送事業とは，先述のような点呼や，車
両を安全に維持するための点検作業，ドライバーへの指導教育など，多岐に
わたるものを含むと解する。勿論，運送業界においても宅配便に象徴される
ようなシステムは最新のものであり特筆できるものである。今日注文したモ
ノが明日には届くということはアナログの世界では考えられないことであっ
た。加えて荷主業界においては，自社の販路拡大等もあいまって，かねてか
ら積極的に流通の効率化，システム化を図ってきており，その恩恵を運送業
界も享受させてもらっている。以降，荷主業界におけるシステム化，DX 化
についてみてみたい。

3　倉庫業界におけるDX化

　運送業界における人手不足は周知のとおりである。労働時間の長さも然りであり，その原因の多くは国土交通省の調査[17]にあるように「荷主先での待ち時間」にあるという（図8-6）。

　荷主企業といえ，自社の周辺にトラックが列を成す光景は，近隣住民とのトラブルにもなりかねず，解決すべき課題との認識をお持ちである。そのための策としての時間を指定しての乗り入れシステムを取り入れる例が多く見られる。具体的には，トラック10両がこれから積み込みに来るのであれば，その各々の車両に積込時刻を指定することで路上などでの待機を解消するというものである。これは俗に言うジャスト・イン・タイムに近いモノであり，必要な量を必要なときに納入するものであるが，このシステム化には多額の投資が必要とされるのであろうか，積極的に取り入れる荷主企業は伸びず待機時間等を多く発生させていたのである。もっとも，この方式には賛否両論があり物議もかもしたが今では格段に進んだITが安価システム設計を後押しし，究極はスマホアプリ等における提供も可能になっており，多くの企業で採用が進んできている。これにより荷主先での待機時間は減少しているのであるが，運送会社にとっては到着に合わせた配車・出庫指示をするこ

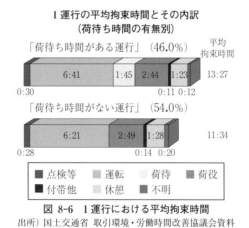

図 8-6　1運行における平均拘束時間
出所）国土交通省 取引環境・労働時間改善協議会資料

とに何ら変わりはなく苦労は尽きないものの，「現場都合での計算できない待機時間の解消」という点ではありがたい措置であると考える。

4　待機時間に対する対価が認められる

　運送会社にとって悩みの種である「荷主先での待機時間」は，荷主企業の協力なくしては改善できない。このことは荷主企業にも理解いただいており，企業によっては近隣に待機する駐車場を確保していただけるケースもあり，順番がこれば携帯電話に連絡が入るという仕組みである。しかし，これはほんの一部であり，大半は指定された時間（あるいは時間帯）での「早い者勝ち」に近く，必然，指定時間前の到着，待機という形を取らざるを得ない（延着はご法度）。しかし，この点については行政も注視するようになり，一定以上の待機時間が生じた場合は，ドライバーが記入する乗務日報に「待機時間の有無およびその時間」を記載することが義務付けられた[18]。行政が監査を行った場合，ドライバーの労働時間に超過が見られるようなケースではこの記載の度合いにより「荷主の責」と判断されたものは，「行政からの荷主勧告」がなされるのである。

　荷主への勧告制度そのものは，現行法が制定された平成2年から存在していた。しかし，その実態把握が困難なこともあり，適用ケースは全国でも0件であった。運送事業者としては，荷主企業の悪徳部分を行政に訴えることは「明日からの荷物がなくなる」という危険性もはらみ，自ら申し出ることはないというのが業界のアルアルでもある。実際に，過積載違反の処分時において，荷主の強要の有無を聞かれ「独自の判断」と回答する事業者が大半であるということは，モノを持つものと持たないものの地位の差を如実に物語っているといえる。なお，運送会社は自社の約款において「待機時間についての相当額の請求」が可能となっている。しかし，荷主に対する要求が伝えづらい中で，この適用が成されているのかどうかは，行政による更なる検証を期待したい。

5　DX 化の先に有るもの

　それでは，これら DX を導入することで得られるものには何があるのであろうか。その一つが，運行管理者をはじめとする管理者の負担軽減であると考える。管理業務の効率化と言い換えても良い。それら業務の多くはアナログであり，それらのすべてに実施〜記録〜保存を余儀なくされる。その保管でロッカーがいっぱいになることはどの事業者も辟易していることであるが，更にひどいケースでは「保存期間 1 年」というにもかかわらず数年分保存されているケースも見受けられる。管理者が行う業務は「帳票として記録し保存する」必要がある。中小の運送業者と言えど，今ではパソコンが当たり前に使われている中，これらの帳票類は紙で束ねられ保管されていることが多く，先の適正化実施機関や行政による立ち入りなどの折にはこれら膨大な書類を提示しチェックを受けることとなる。チェックする側にとっては順に見てゆくことは助かるが，規模の大きな事業所では，テーブルに所狭しと並べられた帳票のすべてを見ることは到底できず，見られる側にとっては「せっかく用意したのに」との思いが強く残るかもしれない。しかも，これでも一部であり，さらに以前のものがロッカー等に保管されているのである。

　これがデジタルでの保管となればいかがであろうか。保管に要するものは例えば USB 一つに収まる。指導員の求めに応じて「必要な運行のみを抽出・プリントアウト」することができれば，格段に効率化が図られる。実際，行政においてもこの方法を認めていることから徐々に取り入れる事業者も増えてきているが，それでも大半の事業者においてはロッカーに大切にしまい込んであるのが実情である。

　これは，紙至上主義とは言わないが，「デジタルへの一種のアレルギー」ともとれる。内容は同じなのだが，紙を手元に置いておくことが安心感であり，データに対する不安感の表れもあると思われる。しかし，世は DX の時代を迎えようとしている。個々のデータ管理を総合的にとらえシステム化しさらに効率良くしてゆく動きは今後ますます進むであろう。事業者にとって，目の前の作業を IT などで効率化することは，ドライバー以上に不足する管理

者確保対策としても避けては通れないと考える。世間では，アプリ等を駆使し配車管理を行うことで荷待ち時間の短縮を図るようなものが出回りつつある。本来は，積み卸ろしを委託する荷主側が対応することかもしれないが，運ぶ側が対処することで荷主に対するインセンティブが得られるのであればそれも一つの成果であろう。究極はドライバーやそれを見守る管理者の労働環境業務に対する歴然とした効率化であり，それらが図られるのであれば幸いである。

6　アナログからの脱皮

　今まで述べてきた繰り返しになるが，運送会社は「A 地点から B 地点まで荷物を運ぶ」だけの会社ではない。時間指定に始まり，荷物情報の追跡，届けばよいというのではなく「届くことが当たり前」の実現のために様々な努力がなされているのである。これらを支えるのが，IT や IoT の進化であり，その活用如何によっては可能性が無限に広がってゆく。この流れに私たちは乗り遅れてはいけないのであるが，運送業界を司るべき法律も時々の情勢に応じ変化をしなくてはいけないのではないのか。旧来，申請や届出には不可欠といわれてきた押印が，不要とされるケースが多くある。もっとも本人確認を要するものについては今でも押印が求められるものの，これにより相当量の事務量が減少したといわれる。なにごとも従来のものを変更することには，誰もが抵抗感がある。しかし，そのことを理由に何もしないというのは意味が異なる。「手の届くところに有るのであれば，まずは手に取ってみよう」との言葉は，そのとおりと感じる。

7　IT などがない時代の主張

　今の世の中を牽引している産業界は新たなアイテムを実装している。このような中では，多くあるルールや慣習の見直しも行われつつある。押印以外の郵便などにおいても，今では電話に代わり，更にはメールに代わっている。年賀状という古くからの慣習さえも簡素化され，しかも瞬く間の環境変化に

人々は過去には戻れなくなっている。

　しかし，世の中は相変わらずの形態を残す部門が現存している。故障した時はどうするのか，セキュリティー面で不安が残る，など理由は様々でありもっともであろうが，アナログ情報が消失しないとは限らない。盗難や置き忘れで漏洩することもないわけではない。

　このような論争をするときに必ずといってよいほど取りざたされるのが「古き権益との折衝」であろう。古代より，川の流れは洪水にならない限りその流れは不変である。新興の近隣住民はそこから灌漑用の水路を引こうとするが，古き権益者はそれを許さない。ところが，天地がひっくり返る災害の結果，水の流れは急変し水利環境が大幅に変わることが度々起こっている。自然であれ人工であれ，私たちは起こりえた結果に対応し，今の生活を営んでいるのである。世の中は，ある日突然に変わるものではない。本流と思われている施策も，その界隈では新たな施策が講じられており，何かのきっかけでそちらに向かうのである。「火のないところに煙は立たない」というのは悪い例えで使われることが多いが，その時になって初めて指示を受け行動するのではなく，将来を見据え，例え小さな火であっても熾し続けていた人々が，その次の時代の寵児となっているのである。

8　実社会における避けては通れないIT化

　さて，それでは具体的にどのようにIT化が進んでいるのであろうか。身近なものでいうと銀行ATM，電子マネーや各種カード決済，など今となっては当たり前のような日常のシステムはITなしには語れない。運送業界においても，注文した商品の配達状況が知りたいときにわかるなど，この分野での進歩は秒進分歩とさえ言われている。これらを可能にしている代表は，言わずと知れたスマホの進化であろう。手のひらに収まるものでありながらその可能性は無限に広がり，これ一つで世界ともつながるという代物である。少し前まで「落として困るものは？」のアンケートのトップは財布であったが，いまや圧倒的に「スマホ」との回答が群を抜いているという。初期の

携帯電話であれば文字とおり電話機能しかなく，個人情報が詰まったもので
あったものの，今のそれとは比較にならないほどの個人情報の塊といっても
過言ではない。ハッカーによる犯罪に使われることも枚挙にいとまがなく，
それが対策のホワイトハッカーなるものも世に生み出されているのが現状で
ある。事業法が制定され 30 年以上経過する今であるが，運輸の分野でも IT
化が，この先さらに進むことには誰もが異存はないであろう。各種規程の，
現場での運用に IT を導入することは至極当たり前になっているであろうし，
その結果，管理業務の省力化，効率化が達成できているのではなかろうか。
しかも人間が行う以上の正確性が担保できるのであれば，検討しない手はな
い。

9　運送業における IT 化を遠ざける理由とは

　しかしながら，運送という分野には IT 化の光が届きづらいのである。そ
れを遮っているのはいったい何なのであろうか。その第一の理由はおそらく
「アレルギー」と考える。私たちは，産業革命以来多くの機械から恩恵を受け
てきた。便利というもの，省力化できるもの，効率化できるものの大半はこ
れらからの恩恵を突き詰めてきたものである。これらは，モノに対する機械
化であったが，その次に到来したのが情報のシステム化である。情報を IT で
処理させることは私たちの生活に格段の変化をもたらしたが，そうでありな
がら，機械やシステムに対し全幅の信頼は寄せていないというのも私たちで
ある。近未来を描いた映画などには，人工知脳などを取り上げるものが多く
存在する。人類に多くの恩恵を提供する人工知脳ではあるが，クライマック
スでは人間による制御が出来なくなり暴走に転じてしまう。人間がコン
ピュータに支配されるというギリギリのところで，最後には決まって自壊す
るというストーリーで完結しているのは，「人間が最上」であることをメッ
セージとして伝えているのであり，進化しすぎた IT や AI との共存の限界を
メッセージとして伝えているものかもしれない。しかし，AI が暴走するス
トーリーは極端としても，今までに享受してきた様々な恩恵は私たちの日常

を，良し悪しは別として様変わりさせたことは間違いない。運送事業の現場においても，導入することのメリットを曇りのない眼で見ることから始めてはいかがであろうか。勿論，人間の頭脳は優秀であり，この優秀な頭脳によりこさえられるのが数々のシステムである。このどちらにも判断ミスが皆無ということはなく，ミスを補う判断（システム）が幾重にも組み込まれているのが人間（システム）なのであろう。食わず嫌いではなく，ミスを犯すことを前提にしたトライ＆エラーの精神や柔軟な発想が，今後はさらに求められるべきと考える。

第5節　この先の日本社会，運送業界

1　運送業界における働き手不足

　運送業界に人が集まらないのはなぜであろうか。かつて云われた「3K業種」にあげられているからなのか。「きつい，危険，汚い」。業界人間から見るとすべてが当てはまるとは考えにくいが，第三者からはそのように映っているのであろう。労働時間が全産業に比較して2割ほど長いといわれる業界である。また，大きな事故には間違いないといってよいほどトラックがかかわっている。このあたりを考慮すると，各校の就職担当教諭から推薦をいただけないのは然りといえ，業界には一部の会社を除くと新卒者が希望する就職先に名を連ねることは少ない。現在のドライバーのほとんどすべてが転職者といっても過言ではない。そもそも昨今，運転免許を取得するときに男女とも「AT限定免許」を選択するケースが多く，女性の割合は93.3％，男性でも40.4％（令和2年度）であり[19]マニュアル車両が未だに主流の運送業界は，この時点で視野に入っていないのである。過去の推移を見るに，この先は更に加速するものと推測される。そうであれば，今後のドライバー確保は今まで以上に難しいこととなり，将来的には物量に対し20万人ほどドライバーが不足する[20]という調査報告もある。自動運転車両が街中を走らない限り，物流の危機は目の前に迫っているのである。

2　この状況を放っておいて良いのか

　世の中は働き方改革に向け一直線に進んでいる。運送業界においても，猶予期間こそいただくものの長時間労働の解消を求められている。そのためにどのようにアプローチしてゆくのか。運送業界は，1日あたりの運転時間などが事細かに規定されており，違反すると厳しく罰せられる。過労が交通事故の一因と考えられる以上，致し方ない規定であるが，この基準を単に短くすれば良いというものではない。運送業は，物を届けるのが仕事であり，着荷主までの距離は働き方改革を推進する中でも短くはならない。一日あたりの時間の短縮は，大げさに言うと「今までで届けることのできた荷主にモノが届かない」ということである。目の前に配達先があろうとも，その場所で8時間の休息をとらなくてはならないケース[21]も求められるのである。このことは何も運送業界にのみ言えることではない。製造業であっても，例えば1日当たり1000個できていた製品が900個に減産となるということであるが，巧みの技を駆使するというものを除いては自動化，ロボット化が可能と思われ，休憩をとらなくても良いロボットであれば，人間以上の増産も可能となるはずである。

3　ヒト・モノ・カネに次ぐ「情報」と「時間」

　高度成長時代は，ヒト・モノ・カネがビジネスには必須といわれてきたが，今では情報なくして勝ち残れなくなってきている。運送業界においても，流通という概念に加え時間軸が導入された以降では，情報を制する者が優位に立っている。もっとも情報は，いつの世の戦術にとっても重要な位置を占めていた。太古における占星術などもその類であり，諜報合戦などは戦にも欠かせぬものであった。しかしここでいう情報とは，いかにして入手するかが重要であり，ひた隠しにされる代物であった。それに反し今にいう情報は，ノウハウという面では門外不出であろうが「積極的に共有すべき」ものとして位置づけられ，互いが補完することで効率の良いビジネスモデルを構築している。働き方改革や生産性向上には不可欠な要素であり，ここから生まれ

る時間という要素も，今後は大きなキーワードになりうるものと考える。

4 これらを結び解けるネットワークの構築

　それでは，これらの要素を一手に手に入れた者が勝者となるのであろうか。会計上の収支という面では YES といえる。しかし，ビジネスは継続し社会に貢献するものでなくてはならない。収益を上げることは，対価を支払ったものから金銭をむさぼるというのではなく，その収益を税金という形で提供し，将来にわたる循環型社会を作る役割を担うものではないのであろうか。利益の追求は，この目的のためにあると考えたい。この意味から，私たちは社会に対する責任から逃げることは許されない。繰り返すが，運送の目的が運ぶことだけであればもっと効率の良い運び方があるはずである。しかし，個々の勝手なルールの中での行為は，他人の享受すべき利益の逸失にもなる危険性がある以上，必要最小限の決め事が必要となり，私たちはその中で共存しているのである。

　世の中の指標の多くは業界ごとに公表されており，その業界内における売上額や利益額の多寡が，関連する他の業界にとっての良し悪しとイコールかというと，そうとは限らない。自己完結型社会でない日本においては，「自社の利益は誰かの助けにより成されるもの」という当たり前の考えの上に成り立っているのである。これがパートナーシップであり，それをつなぐものがネットワークである。企業である以上，競争を強いられることは多い。しかし，誰かの犠牲の上に築かれた繁栄ほどもろいものはないのではなかろうか。共存共栄と，相互扶助という言葉を今こそ感じ入りたい。

5 明るい未来のために，皆で取り組むこと

　つい先日には出来なかったことが，今では目の前に現実として現れてきている。そのようなものは数限りなく存在する。私たちは，その渦中にいるから見えていないのであって，その時間軸の前後に目を転じれば，このことが良くわかる。運送事業者が，あれほど頭を悩ましてきた点呼をはじめとする

様々なものが，近い将来にはすべての運送会社において容易く，しかも正確に行うことができているのであろう。「点呼は運送業にとって肝である」という言葉を行政の担当者からよく聞かされてきた。だから運輸行政は対面に固執してきたのであろう。しかし，「肝だからこそ，確実に，正確に行う」べきなのである。そのために活用するのが，人間のノウハウがふんだんに詰め込まれた IT などによる点呼システムであっても良いのではないか。「法律にも賞味期限や消費期限はあってもよい」というのが，私たちの考えの基本にある。時代にそぐわない規定は，かえって業界の自由度を奪いかねない。繰り返すが，私たちは決して今の法律を否定するのでもなく，遵守しないといっているのではない。今の世の中にあって，本当に正しいものなのかを機会あるごとに問いたいだけである。

　重大事故等が惹起されたとき，通達等を強化することは然りである。しかし，運送業界に蔓延する法律や通達の類のうち，状況に応じ廃止されてきたものもあるではないか。この判断を今まで以上に柔軟に行うときのアイテムであり基準が，IT や AI，更には DX と称されるものであろう。時代は，これからも確実に進み，その速度は経験のない領域に入り込むものかもしれない。その方向性を模索し示すことこそ，行政，業界，事業者が三位一体となってともに進むべき道であり役割であると考える。それが先には，働き方改革や生産性向上という，日本社会がともに目指すものが見えてくるのであろうし，その実現に近づくのではなかろうか。自己の利益を超越した，先を見越した提言や政策に期待するものである。

注

1) 岐阜県トラック協会が独自開発した「運送事業者が法令遵守するためのアイテム」。
2) 各地方運輸局指定の実施機関に属し貨物自動車運送事業者の法令遵守状況を指導・管理する。
3) 巡回結果は，良いほうから順位 A，B・・E と 5 段階に分類する。
4) 事業用トラックに乗務するドライバーは，乗務前後において原則，対面点呼を受けることが義務付けられている。

5）いわゆる「無人点呼，ロボット点呼」。

6）飲酒運転による罰則の強化など。

7）デジタルトランスフォーメーション：デジタルによる変容と訳す。

8）安全に対する方針，目標を設定し，取り組んだ結果の公表を行う（PDCA）。

9）平成 16 年 10 月実施　407/1151 事業所から回答を得る（35.4％）。

10）地域物流市場の動向と展望（平成 25 年朝日大学産業情報研究所叢書 11　忍田和良・土井義夫編著，p.131）

11）死亡事故による監査を受けたが，管理上問題ないとして警告書で済む例がある。

12）最近は，ドライブレコーダーの装着により過失割合が大幅に良くなるケースもある。

13）流通経済大学流通情報学部大学院物流情報学研究科　矢野裕児教授の 20210101 広報とらっくへの寄稿より

14）令和 3 年 6 月 15 日　総合物流施策大綱（2021 年度～2025 年度）

15）次期総合物流施策大綱への意見（2020 年 12 月 4 日）

16）2021 年規制改革要望—DX と規制改革の循環を確立する—（2021 年 9 月 14 日）

17）平成 27 年 8 月　取引環境・協議会

18）平成 29 年 7 月　貨物自動車運送事業法改正

19）岐阜県警察本部運転免許課調べ

20）公益社団法人鉄道貨物協会，平成 30 年度本部委員会報告書

21）改善基準（国土交通省通達）

参考文献

・地域物流市場の動向と展望（平成 25 年朝日大学産業情報研究所叢書 11　忍田和良・土井義夫編著）

むすび

　朝日大学大学院経営学研究科では，グローバルロジスティクスプロジェクトとして「朝日大学大学院グローバルロジスティクス研究会（http://gl.asahi-u.ac.jp/）」を組織し，研究会を開催している。研究会の目的は，荷主，物流事業者，行政・地域の動向などグローバルな視点から物流事業者の課題等を探るロジスティクス研究を行うことにある。

　研究会については，セイノーホールディングス株式会社と朝日大学が，地域産業と大学教育の分野において連携協力して地域社会の発展と人材育成に寄与することを目指し，2013年2月5日（火）での調印式開催に端を発している。現在まで継続して年一回，連携協議会報告として外部に活動報告を行っている。2017年に叢書を発行して以降，プロジェクトの成果物として以下がある。

　発表論文
・小畠信史，土井義夫：トラック運送事業者の費用計算と2015年調査，『経営論集』朝日大学経営学会，第31巻，pp.1-14，2017年3月
・荒深友良，土井義夫，板谷雄二，小畠信史：運送事業者の下請け構造と物流子会社の現状分析，第34回日本物流学会全国大会研究報告集，pp.117-120，2017年9月
・土井義夫：商慣行からみた荷主と運送事業者との関係性，朝日大学大学院経営学研究科紀要第18号，pp.1-12，2018年3月
・土井義夫，板谷雄二，小畠信史，荒深友良：トラック運送事業者からみた国内フェリー・RORO船の活用策，第35回日本物流学会全国大会研究報告集，pp.95-98，2018年9月
・土井義夫：人材不足への対応からみた物流生産性の向上，朝日大学大学

院経営学研究科紀要第 19 号，pp.1-10，2019 年 3 月

・土井義夫，板谷雄二，小畠信史，荒深友良：労働生産性からみた国内フェリー・RORO 船事業の現状，日本物流学会誌 No27，pp.195-202，2019 年 6 月

・小畠信史：トラック運送事業者における減価償却計算の問題点と経営への影響，第 36 回日本物流学会全国大会研究報告集，pp.17-20，2019 年 9 月

・土井義夫，板谷雄二，小畠信史，荒深友良：物流業界の現状と将来動向に対する荷主の認識に関する研究，第 36 回日本物流学会全国大会研究報告集，pp.41-44，2019 年 9 月

・土井義夫，板谷雄二，小畠信史，荒深友良：物流業界の現状と将来動向に対する荷主の意向調査結果，朝日大学大学院経営学研究科紀要第 20 号，pp.11-24，2020 年 3 月

・土井義夫，板谷雄二，小畠信史，荒深友良：貨物自動車運送における事故削減への取組の効果に関する研究，第 37 回日本物流学会全国大会研究報告集，pp.149-152，2020 年 9 月

・小畠信史：トラック運送事業者における減価償却計算の問題点と経営への影響（研究論文 R：審査付き論文），日本物流学会誌 No29，pp.45-52，2021 年 6 月

・臼井靖彦，土井義夫：トラックドライバーの運転時間改善に向けての取り組み―長距離輸送における駐車スペースの有効活用の在り方について―，朝日大学大学院経営学研究科紀要 第 22 号，pp.1-12，2022 年 3 月

・小畠信史：運送事業用大型トラックの法定耐用年数の明確化に向けた考察，日本物流学会誌 No30，pp.295-302，2022 年 6 月

研究発表（上記「発表論文」の学会発表）

小畠による発表

・トラック運送事業者における減価償却計算の問題点と経営への影響，第

36回日本物流学会全国大会2019年9月，関西大学
- 運送事業用大型トラックの法定耐用年数の明確化に向けた考察，第37回
日本物流学会全国大会2020年9月，専修大学

土井による発表
- 物流業界の現状と将来動向に対する荷主の認識に関する研究，第36回日
本物流学会全国大会2019年9月，関西大学
- 貨物自動車運送における事故削減への取組の効果に関する研究，第37回
日本物流学会全国大会2020年9月，専修大学

荒深による発表
- 運送事業者の下請け構造と物流子会社の現状分析，第34回日本物流学会
全国大会2017年9月，流通経済大学

その他（業界紙）
- 土井義夫：地域での荷主の声を聞き，物流事業者のあり方を探る―産学
連携での取り組みの視点から―，ロジスティクスシステム6・7月号第
23巻第4号，日本ロジスティクスシステム協会，pp.70-71，2014年
- 小畠信史：地域トラ事業者の費用計算　意義・効果理解されず，2017年
5月15日（月）物流ニッポン，物流ニッポン新聞社
- 土井義夫：「荷主意向調査―「荷主の理解・協力」の実態」月刊ロジスティ
クスビジネス，第21巻12号，pp.28-31，2022年3月
- 土井義夫：「法令順守点検ツール「トラドック」の検証」，月刊ロジスティ
クスビジネス，第22巻6号，pp.46-50，2022年8月

　本著の構想は，2017年の叢書発行後，上記の各種研究発表を重ねていく中
で始まった。2013年度～2016年度は，当該研究のための研究会（産業界，物流
業界，学会・大学等で構成）を月1回の日程で開催し，荷主と物流事業者双方が
受け止めている物流サービスの現状と課題について深化させて議論してき
た。その当時，コンセプトとして整理したのが下図である。2017年の叢書発

拡大：一般貨物研究（新規性）

大学院　GL 研究会での議論	（各論）		
・論点整理 ・進捗状況 ・トピックス ・外部講師招聘などの公演開催 ・学内プロジェクト予算との調整 アウトプット：研究会の存在告知，広報	テーマ1 テーマ2 テーマ3	・物流組織の構造論 ・協力会社 ・拠点と配送モデル設計 ・宅配のサービス問題 ・経営資源の投入とアウトプット（株主配当など） ・料金・物流コスト ・ケーススタディ	
	アウトプット：　学内での院論文集，経営論集		
物流研究　物流学会での年度報告 Less than carload（LCL） ・機能としての研究としてどうなっているか　国際比較 ・コラボとしての研究　今までの諸形態　着荷主との企業連携　大学院から現場の声（ヒアリング，フィールドワーク） アウトプット：　物流学会での予稿集	研究会取り組みの総合的なアウトプット公表 ・新しいニーズ，ビジネスモデル（実態把握）の発信 ・トラック協会など外部組織への（産官学連携）成果の貢献 アウトプット：　書籍化　各章担当 → 元データの作成の集約		

深化：特積み研究（継続性）

図　年間計画の方向性

行後も継承し，時流に沿ったテーマを研究会のなかで検討してきており，その都度，調査研究を進めてきた。また構成メンバーの特長から，議論を深掘りできる論点を随時整理してきた。2021 年 4 月から研究会のなかで執筆分担や内容の議論を重ねて，現在に至っている。

　本著に残された今後の課題を列挙すると以下の 3 点である。

⑴　理論と実務の融合の深化

　本著は 8 章からなる構成となっているが，序章に示す通り，1〜4 章が理論的な記述，5 章〜8 章が実務政策的な記述である。執筆者の立場や日頃の業務や研究分野の関心の濃淡によって，それぞれの記述で重複する面，論点として十分ではない点が残っている。引き続き研究を進めて，より確かなテーマを論じていく必要がある。

⑵ 物流事業と物流政策との連携

　本著の主題としての「トラック運送事業」に関しては，トラックという輸送機関に特化した事業を営む事業者もいれば，幅広く他の輸送機関も組み合わせ事業を営む事業者もいるなど多様な事業者の存在が，トラック運送事業の特徴でもある。さらに関わる物流政策も多岐にわたることから，多くの事業活動の需要と供給のバランスを踏まえ，あるべき政策を論じていく必要がある。

⑶ 地域社会への貢献

　トラック運送事業の社会的な役割を考えれば，研究成果が地域社会への貢献に資するものでなければならない。この意味では，地域産業と大学教育の分野において連携協力して地域社会の発展と人材育成に寄与することを目指す本研究会の取り組みを，より目に見える形で具体化していくことが求められる。本著に対して，各方面の皆様から忌憚のないご意見を頂戴し，今後の研究を発展させていければ幸いである。

　最後に，本著の企画に際し，朝日大学宮田研究奨励金の助成により執筆されている。また本著の内容は，グローバルロジスティクス研究会での研究成果の一部である。朝日大学大学院グローバルロジスティクス研究会（定例研究会）については，文末に研究会（定例研究会）名簿を示しているが，2016 年〜2021 年にかけては，中部運輸局岐阜運輸支局首席運輸企画専門官（輸送・監査）の伊藤一智氏，中部運輸局岐阜運輸支局運輸企画専門官（輸送・監査）の石津有紀子氏，一般社団法人岐阜県トラック協会部長の木村治史氏，西濃運輸株式会社営業管理部商品企画課課長の堀場雅人氏，西濃運輸株式会社営業管理部商品企画課の藤田貴大氏などの多くの協力により，研究会の歩みを続けてきた（所属・役職等は当時のもの）。また，研究会顧問として，長年，朝日大学大学院（客員教授）忍田和良先生にご指導いただいてきたが，2021 年 1 月に逝去された。種々のご指導を頂き，知識・見識を得られたことをここに深く

感謝いたします。

　研究会においては，国土交通省中部運輸局岐阜運輸支局，一般社団法人岐阜県トラック協会，セイノーホールディングス株式会社及び西濃運輸株式会社など関係各位から有益なコメントを頂いている。ここに記して感謝の意を表したい。

　本著作成に当たり，成文堂編集部の飯村晃弘氏にこの場を借りて心から御礼を申し上げたい。

朝日大学大学院経営学研究科

グローバルロジスティクス　コーディネーター

土井　義夫

朝日大学大学院　グローバルロジスティクス研究会（定例研究会）名簿（2022）
（メンバー）

板谷　雄二　　朝日大学大学院（教授）　経営科学担当

小畠　信史　　朝日大学大学院（教授）　会計学担当

荒深　友良　　朝日大学大学院（教授）　経営組織論担当

土井　義夫　　朝日大学大学院（教授）　物流論担当　※1

中田　　晃　　西濃運輸株式会社　取締役　営業管理部担当

林　　貴紘　　西濃運輸株式会社　営業管理部　商品企画課　課長

水野　千冬　　西濃運輸株式会社　営業管理部　商品企画課

臼井　靖彦　　一般社団法人　岐阜県トラック協会　専務理事

高橋　正樹　　一般社団法人　岐阜県トラック協会　業務課　課長

田中　義人　　一般社団法人　岐阜県トラック協会　業務課

宮川　高彰　　中部運輸局　岐阜運輸支局　首席運輸企画専門官（輸送・監査）

深谷　俊之　　中部運輸局　岐阜運輸支局　運輸企画専門官（輸送・監査）

服部　匡朗　　中部運輸局　岐阜運輸支局　運輸企画専門官（輸送・監査）

（その他研究会参加者）

奥山　　徹　　朝日大学大学院（教授）

※1　グローバルロジスティクスコーディネータ

2022 年 4 月 1 日時点

（執筆分担）

はしがき　板谷雄二

序章　土井義夫

第1章　荒深友良

第2章　小畠信史

第3章　土井義夫

第4章　土井義夫

第5章　宮川高彰，深谷俊之，服部匡朗

第6章　高橋正樹，田中義人

第7章　中田晃，林貴紘，水野千冬

第8章　臼井靖彦

むすび　土井義夫

事項索引

2024 年問題‥‥‥‥‥‥‥‥‥‥‥‥183

あ 行

安全性評価事業（G マーク）制度‥‥‥159
意思決定メカニズム‥‥‥‥‥‥‥‥‥16
委託率‥‥‥‥‥‥‥‥‥‥‥‥‥‥74
運行管理者‥‥‥‥‥‥‥‥‥‥‥195
運行三費‥‥‥‥‥‥‥‥‥‥‥‥42
運送原価計算書‥‥‥‥‥‥‥‥‥40
運送原価報告書‥‥‥‥‥‥‥‥‥40
運転記録証明書‥‥‥‥‥‥‥‥160
運転免許制度の改正‥‥‥‥‥‥‥147
運輸安全マネジメント‥‥‥‥‥‥194
エッセンシャルワーカー‥‥‥‥‥‥208
オープン・システム‥‥‥‥‥‥‥‥12

か 行

改善基準告示‥‥‥‥‥‥‥‥‥‥117
確定決算基準‥‥‥‥‥‥‥‥‥‥58
貨物自動車運送事業合同要綱‥‥‥‥106
貨物自動車運送事業法‥‥‥‥108, 136
貨物自動車運送適正化事業実施機関‥‥119
カンガルー・マジックⅡ‥‥‥‥‥‥180
企業会計上の減価償却計算‥‥‥‥‥36
行政処分‥‥‥‥‥‥‥‥‥‥‥‥131
減価償却‥‥‥‥‥‥‥‥‥‥‥‥34
交通事故‥‥‥‥‥‥‥‥‥‥‥‥198
交通の 3 要素‥‥‥‥‥‥‥‥‥‥91
合理性‥‥‥‥‥‥‥‥‥‥‥‥‥9
国土交通省‥‥‥‥‥‥‥‥‥‥‥119

さ 行

シーアンドレール‥‥‥‥‥‥‥‥100

シェアパーク構想‥‥‥‥‥‥‥‥164
事業者（所）概要書‥‥‥‥‥‥‥142
事業用自動車総合安全プラン 2020‥‥127
自己金融効果‥‥‥‥‥‥‥‥‥‥51
実用耐用年数‥‥‥‥‥‥‥‥‥‥46
自動車交通事業法‥‥‥‥‥‥‥‥105
自動車取締令‥‥‥‥‥‥‥‥‥‥105
竣工年月‥‥‥‥‥‥‥‥‥‥‥‥98
情報システムの分類‥‥‥‥‥‥‥16
初任運転者指導‥‥‥‥‥‥‥‥‥147
申告調整‥‥‥‥‥‥‥‥‥‥‥‥57
新造船‥‥‥‥‥‥‥‥‥‥‥‥‥93
鈴木賞‥‥‥‥‥‥‥‥‥‥‥‥‥187
税効果会計‥‥‥‥‥‥‥‥‥‥‥57
税務上の減価償却計算‥‥‥‥‥‥37
船価‥‥‥‥‥‥‥‥‥‥‥‥‥‥96
総合物流施策大綱‥‥‥‥‥‥22, 90
組織の情報システム‥‥‥‥‥‥‥13

た 行

対面点呼‥‥‥‥‥‥‥‥‥‥‥‥191
宅配取扱個数‥‥‥‥‥‥‥‥‥‥171
中継拠点‥‥‥‥‥‥‥‥‥‥‥‥89
定額法‥‥‥‥‥‥‥‥‥‥‥‥‥35
定率法‥‥‥‥‥‥‥‥‥‥‥‥‥35
適正化事業‥‥‥‥‥‥‥‥‥‥‥187
適正化事業評議委員会‥‥‥‥‥‥150
適正化巡回指導‥‥‥‥‥‥‥‥‥140
デジタルツイン‥‥‥‥‥‥‥‥‥26
鉄道貨物の活用策‥‥‥‥‥‥‥‥99
点呼‥‥‥‥‥‥‥‥‥‥‥‥‥‥149
道路運送法‥‥‥‥‥‥‥‥107, 136
特殊車両の通行許可制度‥‥‥‥‥92

トラック運送事業者に対する監査……130
トラック運送事業者の減価償却………45
トラック輸送における取引環境・
　労働時間改善協議会………………118
トラドック……………………………145
取引環境・労働時間改善地方協議会…162

な　行

荷主……………………………………70
荷主勧告制度…………………………117
ネットワーク組織……………………19

は　行

人手不足………………………………70
標準貨物自動車運送約款……………73
標準的運賃告示制度…………………65
フィジカルインターネット…………26
フェリー………………………………90
物流2法…………………………33, 136
物流DX…………………………8, 169
物流イノベーション…………………7
物流市場規模…………………………175
物流ネットワークの組織化…………22
法定耐用年数…………………………59

ま　行

待ち時間0アプリ構想………………163
モーダルシフト………………………90
モード連携……………………………91

や　行

輸送機関別国内貨物輸送トン数・
　トンキロ……………………………110

ら　行

陸上貨物運送事業労働災害防止協会…203
労働災害………………………………202

A-Z

AI………………………………………7
DX……………………………………169
DX推進ガイドライン………………169
EDI……………………………………179
G/T（総トン数）……………………94
Gマーク認定…………………………204
IoT……………………………………7
RORO船………………………………90
SDGs…………………………………184

執筆者紹介（執筆順，※は編著者）

板谷　雄二（いたや　ゆうじ）
　朝日大学大学院経営学研究科教授
荒深　友良（あらふか　ともよし）
　朝日大学大学院経営学研究科教授
小畠　信史（こばたけ　しんじ）
　朝日大学大学院経営学研究科教授
※土井　義夫（どい　よしお）
　朝日大学大学院経営学研究科教授
宮川　高彰（みやがわ　たかあき）
　中部運輸局　岐阜運輸支局　首席運輸企画専門官（輸送・監査）
深谷　俊之（ふかや　としゆき）
　中部運輸局　岐阜運輸支局　運輸企画専門官（輸送・監査）
服部　匡朗（はっとり　まさあき）
　中部運輸局　岐阜運輸支局　運輸企画専門官（輸送・監査）
高橋　正樹（たかはし　まさき）
　一般社団法人　岐阜県トラック協会　業務課　課長
田中　義人（たなか　よしと）
　一般社団法人　岐阜県トラック協会　業務課
中田　　晃（なかた　あきら）
　西濃運輸株式会社　取締役　営業管理部担当
林　　貴紘（はやし　たかひろ）
　西濃運輸株式会社　営業管理部　商品企画課　課長
水野　千冬（みずの　ちふゆ）
　西濃運輸株式会社　営業管理部　商品企画課
臼井　靖彦（うすい　やすひこ）
　一般社団法人　岐阜県トラック協会　専務理事

トラック運送事業の現状と未来

2022 年 11 月 25 日　初　版　　第 1 刷発行

監　　　修　　朝日大学大学院グローバルロジスティクス研究会

編 著 者　　土　井　義　夫
発 行 者　　阿　部　成　一

〒 162-0041　東京都新宿区早稲田鶴巻町 514 番地
発 行 所　　株式会社　成　文　堂
　　　　　　　電話　03(3203)9201(代)　Fax(3203)9206
　　　　　　　http://www.seibundoh.co.jp

製版・印刷　三報社印刷　　　　　　　　製本　弘伸製本
© 2022　朝日大学大学院グローバルロジスティクス研究会
Printed in Japan　　☆乱丁・落丁本はおとりかえいたします☆
　　　　　　ISBN 978-4-7923-5070-3　C 3034　　　検印省略
定価（本体 3000 円＋税）